SÜDTIROL
Südtirol sucht
Visionäre.
Südtirol sucht dich.
Erfahren Sie mehr über das Lebensgefühl Südtirols. suedtirol.info/visionaere

Liebe Leserin,

lieber Leser,

mit Mitte, Ende fünfzig mag man einiges erlebt haben und kann demnach Situationen sicher einschätzen oder zumindest ein Gefühl dafür entwickeln. Auch wenn die Flucht seit Jahrhunderten zum Alltag von Millionen Menschen gehört, ist sie mir und meinem Leben jedoch so fremd, dass ich die Ausmaße von Ängsten und Nöten Flüchtender kaum begreifen kann. Die Nachkriegsgenerationen im westlichen Europa kennen weder Vertreibung noch Krieg, Hungersnot oder Naturzerstörung, die Flucht in nennenswertem Ausmaß hervorbrachte. Unsere Empathie für Flüchtende beruht demnach auf Berichten. Und wir verdrängen dadurch diese Grauen einfacher und schneller, als wenn wir sie selbst erlebt hätten. Nur so lässt sich erklären, dass der Begriff „Flüchtling" inzwischen immer öfter negativ konnotiert ist, die Opfer schlimmster Not und Verzweiflung zu selten als solche wahrgenommen werden.

Dabei ist Flucht seit je Europas trauriger Alltag. Wir flüchteten vor der Inquisition, vor Kriegen, religiöser Intoleranz, vor der großen Hungersnot in Irland oder den Nationalsozialisten. Und fast immer waren der Atlantik, das Mittelmeer oder der Ärmelkanal die rettende Dimension. Wir waren Verfolgte und Auswanderer. Und der Ozean unsere Hoffnung. Niemand käme auf die Idee, sich nach Amerika oder Palästina rettende Juden zu verdächtigen, „faul", „verschlagen" oder „schmarotzend" nur eine bessere Welt gesucht zu haben. Und der Begriff „Auswanderer" ist ohnehin über jeglichen negativen Zweifel erhaben. Aber unsere Sprache entwickelt sich laufend, und immer häufiger werden Flüchtende mit abwertenden Begriffen vereint. Sie kommen „in Scharen", als „Welle" oder zu „Abertausenden" als „Asyltouristen". Damit werden in erster Linie Ängste geschürt und nicht Empathie oder Verständnis geweckt für deren unvorstellbares Leid.

In mare berichten wir seit Anbeginn von Fluchten über das Meer. Vor genau zehn Jahren, in der April/Mai-Ausgabe 2009, lasen Sie über die grauenvolle Flucht von Somalia in den Jemen. Inzwischen gibt es eine Rückflucht aus dem Jemen, sogar in beide Richtungen gleichzeitig. Unsere Fotografin Alixandra Fazzina reiste jetzt wieder, wie schon damals, mehrmals für mare an den Golf von Aden und beschreibt das andauernde, unendliche Elend der Menschen dort. Dimitri Ladischensky besuchte in Wolfsburg geflüchtete Mädchen, die im sicheren Deutschland schwimmen lernen, um ihr Trauma des Mittelmeers zu bekämpfen. Martin Kolek, freiwilliger Retter auf dem Schiff „Sea-Watch 2", beschreibt, wie er einen toten Jungen barg. Und ein Dorf in Süditalien plant einen Friedhof für Flüchtende, die das Meer nicht überlebt haben. – Wir geben nicht auf, uns allen immer wieder vor Augen zu führen, was es bedeutet, zu flüchten: Elend, Tod und Angst.

Herzlich,

Nikolaus Gelpke

Inhalt

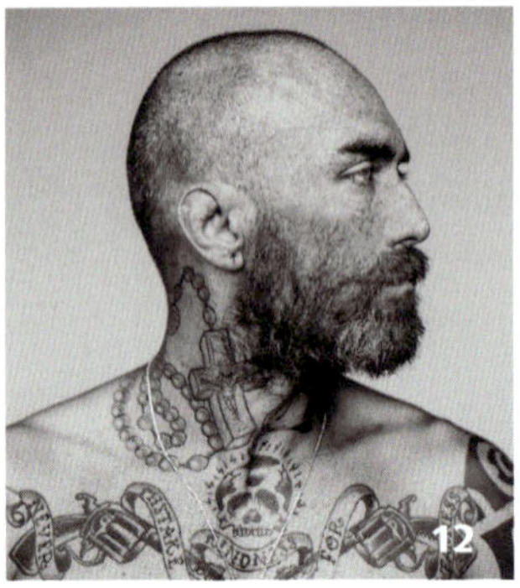

Galerie: Gesichter einer sinnlichen Passion – Surfer in aller Welt

Titel: Die verstörend grausame Flucht am Horn von Afrika

Titel: Wie Flüchtlingskinder durch Schwimmen ihren Schmerz überwinden

Leben: Ein Trend erobert Europas urbane Szene – Sardinendosenbars

Wissenschaft: Die supergenialen Geliergele der Schleimaale

Kultur: Großes Barriereriff – fragiles Ökotop und Australiens Mythenort

Wirtschaft: Toughe Jobs – die Menschen in Offshore-Windparks

Titelbild

Menschen, die aus dem Meer fliehen, ob vor ihm weg oder auf etwas zu – Heribert C. Ottersbach, geboren 1960, einer der führenden zeitgenössischen deutschen Maler, dessen sublim beunruhigendes Gemälde „Piazza" (2008) wir hier zeigen, überlässt die Interpretation allein dem Betrachter.

Die mare-Galerie

AUF EINER WELLENLÄNGE
Beredte Porträts – Surfer in aller Welt eint die eine Leidenschaft, die allen sportlichen Ehrgeiz übertrifft: die Welle
Von Stephan Vanfleteren und Kevin McAleer **12**

Politik

Titel Flucht und Hoffnung

HIN UND ZURÜCK
Eine Katastrophe ohne sichtbares Ende: Die Flucht Hunderttausender Menschen aus dem und in das Bürgerkriegsland Jemen ist ein Fanal der Unmenschlichkeit der Krieg führenden Parteien
Von Alixandra Fazzina **36**

NICHT WELLE, SONDERN CHANCE
Die Not der flüchtenden Menschen sehen lernen: Es ist Zeit, dass wir die Empathie über unsere Ängste siegen lassen
Von Nikolaus Gelpke **54**

DAS MEER IM KOPF
Seit sie vor dem IS übers Meer geflohen sind, fürchten sie das Wasser. Drei jesidische Mädchen versuchen in Wolfsburg, das Schwimmen zu lernen, um ihre Angst zu überwinden
Von Dimitri Ladischensky und Diana Markosian **56**

„ICH WUSSTE NICHT, WOHIN MIT UNS"
Ein Seawatch-Aktivist barg ein totes Kind aus dem Mittelmeer. Das Bild ging um die Welt. In mare schreibt er, was in ihm vorging
Von Martin Kolek **66**

EIN KLEINER HIMMEL
In einem kalabrischen Dorf entsteht ein Friedhof für Flüchtlinge, die ihr Leben bei der Überfahrt verloren haben. Der Ort scheint gut gewählt zu sein
Von Andrea Walter und Francesco Zizola **68**

ESSAY: HÖCHSTE POTENZ, VON OBEN GESEHEN
Die irrealen Meeresbilder des Fotografen Andreas Gursky lassen uns verloren gegangenes Gefühl der Naturerhabenheit spüren
Von Larissa Kikol **78**

Leben

BAUHAUS ON THE BEACH
Kep-sur-Mer, vom Dschungel verschlungen, war einst der mondänste Badeort Französisch-Indochinas, Asiens Saint-Tropez
Von Justus Krüger **80**

ABGEMUSTERT
Das Seefahrtbuch: Passersatz, Dienstnachweis, Logbuch des Lebens. Jetzt kommt das Aus für das Traditionsdokument
Von Marc Bielefeld **84**

KOMBÜSE: DIE AUFREISSERBAR
Eine ungeahnte Karriere: Sardinen in Dosen kommen groß heraus in Szenelokalen der Welt. Nicht zuletzt in Berlin
Von Maik Brandenburg und Severin Wohlleben **86**

Wissenschaft

FABELHAFTE SCHLEIMER
Der unscheinbare Schleimaal kann etwas Einzigartiges, was Forscher fasziniert. Jetzt ist er Objekt ihres wissenschaftlichen Interesses
Von Till Hein **88**

Kultur

VON KORALLEN SPRECHEN
Was den Deutschen der Wald, ist den Australiern das Große Barriereriff: mythischer Ort der Inspiration für Dichter und Denker
Von Beate Tröger, Paul-Henri Campbell und Kat Menschik **96**

Wirtschaft

DREHT EUCH!
Weit draußen in der Nordsee steht ein großes Haus auf Stelzen – eine 100 Millionen Euro teure Unterkunft für Offshoretechniker, die sich um die Windräder im Meer kümmern
Von Marc Bielefeld und Paul Langrock **112**

RUBRIKEN

Logbuch 5
mare-Weltkarte 8
Das blaue Telefon 10
Schatztruhe 32
Ausguck 92
Leserbriefe 94
Mein Hooge 95
Salon 102
mareRadio, Termine, mareTV 110
more mare 122
Strandgut 124
Impressum/Bild- und Textnachweis 128
Vorschau 129
Meeresrauschen 130

Übrigens: *Ein schöner (Heft-)Rücken kann auch entzücken. Ein Fisch ist ein Fisch ist ein Fisch ...*

1 ÅLESUND
Sollten Sie einmal einen Schleimaal betäuben müssen (man weiß ja nie): Nehmen Sie Nelkenöl! Sonst schleimt der Aal Sie voll. Was aber nichts macht, denn dieser Schleim ist genial. Man muss ihn nur nutzen.
Seite 88

2 DANTYSK (OFFSHORE)
Ein Haus auf Stelzen, davon träumt doch jedes Kind. Dass es 100 Millionen Euro kostet, das allerdings übersteigt nicht nur die kindliche Vorstellung.
Seite 112

3 WOLFSBURG
Kinder flüchten im Gummiboot übers Meer. Haben sie danach Angst vor dem Wasser? Ja, haben sie. Und kann man etwas dagegen tun? Na klar: ab in den Pool. Aber schön langsam.
Seite 56

4 BERLIN
Ach, die gute Jahrgangssardine. Sie hat ihren Weg in eine hübsche Dose gefunden und die Dose den ihren in eine hübsche Berliner Kneipe. Es lebe der Kiez, es lebe der Atlantik.
Seite 86

5 CAVALIÈRE
Genie trifft Genie trifft Genie trifft Küstengrundstück. Anfang der 1930er-Jahre begegnete man(n) sich und entwarf die moderne Welt.
Seite 104

6 TARSIA
Es gibt sie noch, die Menschen mit Herz. Die sich Gedanken über Würde machen. Über Gerechtigkeit. Und die nun in Kalabrien einen Friedhof für ertrunkene Flüchtlinge bauen.
Seite 68

7 ISTANBUL
Okay, Erdbeben, wissen wir ja, wie das geht. Unten schiebt es etwas, dann ruckelt es kurz, und schlimmstenfalls ist oben alles kaputt. Nicht so hier: Hier dauerte es nicht 50 Sekunden, nicht 50 Minuten, nein: 50 Tage!
Seite 126

8 DUBAI
Marketingsprache ist schon – höflich gesagt – gewöhnungsbedürftig. Wenn der „Point of Sale zum Point of Situation“ wird, bedeutet das in diesem Fall: Man fährt per Jetski zum Shoppen.
Seite 127

No. 133 mare Die Schauplätze

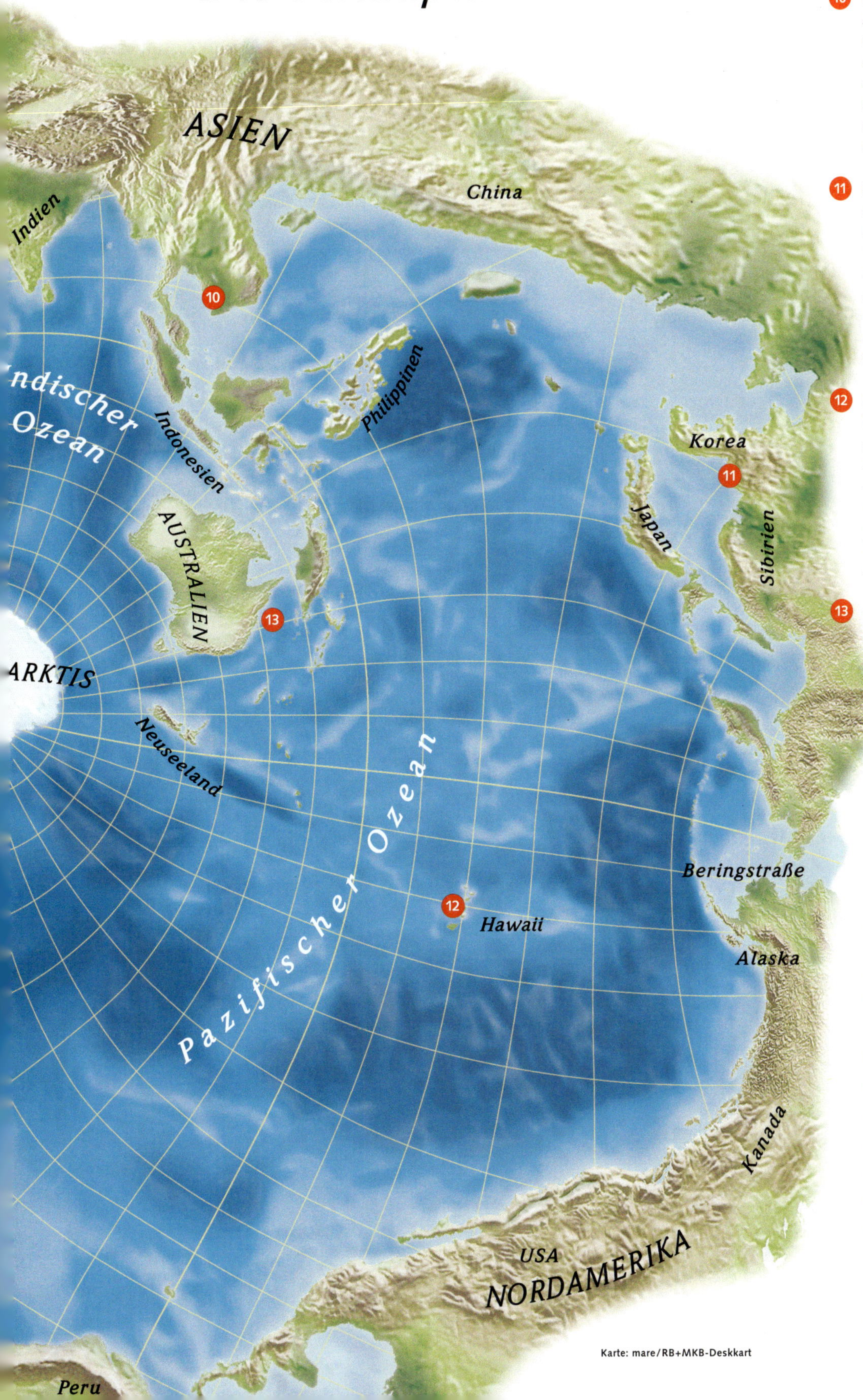

Karte: mare/RB+MKB-Deskkart

9 HORN VON AFRIKA/JEMEN
Die einen flüchten auf die eine Seite dieser Meeresstraße am Horn von Afrika, die anderen auf die andere. Allen gemeinsam ist: Sie haben Schrecklichstes gesehen und Schrecklichstes erlebt.
Seite 36

10 KEP-SUR-MER
Bauwut I: Ah, la France, sa joie de vivre. Süßes, sinnliches Strandleben wollte Kambodschas König auch haben und baute sich kurzerhand die Französische Riviera nach.
Seite 80

11 NORDKOREA
Bauwut II: Kim erstellt ein Megaresort am Meer. Im Oktober wird es eröffnet. Mega findet sein Freund (oder Feind?) Donald sicher gut. Vielleicht spielen die beiden Herren dann im Strandsand. Allemal besser als Krieg.
Seite 126

12 HAWAII
Wenn endlich der sommerliche „Fun, Fun, Fun“ vorbei ist, kommen die Hardcore-Surfer und zeigen einander und den Wellen, was echte Passion ist. Und wenn einem ein Hai den Arm abbeißt? Weiter surfen.
Seite 12

13 GROSSES BARRIERERIFF
Dichten und denken konnte man nicht nur in engen deutschen Stuben. Auch der australische Strand ließ allerlei Eskapisten zu Höchstform auflaufen.
Seite 96

Die mare-Weltkarte

Der Versuch, den Globus auf eine Weltkarte zu projizieren, quasi die Quadratur der Kugel, ist ohne Kompromisse zum Scheitern verurteilt. Und so sind es stets die Meere, die auseinandergerissen und verzerrt dargestellt werden. mare beschreitet mit seiner Weltkarte den umgekehrten Weg: Nach einer Projektion von Athelstan Spilhaus präsentieren wir die Meere und ihre Küsten so, wie sie tatsächlich zusammenhängen.

Das blaue Telefon

Ihre mare-Hotline in die unerforschten Weiten und Tiefen der Meere

Ihre maritimen Fragen können Sie per Telefon (0800/218 218 2, gebührenfrei) oder E-Mail (wat@mare.de) stellen. Es antworten Valentin Ludwig und Ulrike Prange von MARUM – Zentrum für Marine Umweltwissenschaften der Universität Bremen.

Ist das Meer wirklich blau?

Holger Kuhlmann, Bremen

Dass Meere als blau wahrgenommen werden, liegt an der Wechselwirkung der Wellenlänge des Lichts mit Wassermolekülen. Die Farben entstehen, wenn aus dem weißen Licht bestimmte Wellenlängen herausgefiltert werden – zum Beispiel durch Streuung oder Absorption an Wassermolekülen mit zunehmender Tiefe. Es wechselwirken elektromagnetische Strahlung – das Licht – mit Atomen oder Molekülen, also Wasser. Je tiefer das Wasser, desto blauer scheint es. Das liegt daran, dass Wasser erst die roten, dann die grünen Farbanteile des Lichts verliert. Übrig bleibt Blau. Tiefer als etwa 200 Meter dringt das Sonnenlicht übrigens nicht durch Wasser. Auch die Reflexion des Himmels spielt eine Rolle. Je nach Dichte der Wolkendecke scheint die Wasseroberfläche blau oder grau zu sein. Blau ist aber nicht gleich blau – vom Flugzeug aus etwa oder auch schon von einer Klippe werden die Schattierungen in Blau- und Grüntönen deutlich. Das wiederum hängt mit der Tiefe des Wassers und den Schwebstoffen zusammen. So kann eisenhaltiges Wasser auch rot sein. Trägt ein Fluss zum Beispiel Sedimente ins Meer, sieht man das an der Braunfärbung. Plankton als Schwebstoff lässt das Wasser grün, zusammen mit einem kalkigen Meeresboden türkis scheinen.

Streuung und Absorption durch das Meerwasser verändern das Weiß des Lichts in tausend Blaus

Was bedeutet die Bezeichnung „marines globales Förderband"?

Markus Schaan, Kruft

Den Begriff prägte der im Februar verstorbene US-Ozeanograf Wallace „Wally" Broecker. Gemeint sind damit Meeresströmungen, die sich durch Atlantik, Pazifik, Indik und Antarktischen Ozean schlängeln. Verantwortlich dafür sind Temperatur und Salzgehalt des Wassers. Sie erzeugen die thermohaline Zirkulation: Im Nordatlantik sinkt kaltes, salziges, also schweres Wasser nach unten, wodurch wärmeres Wasser aus dem Süden nachfließt und so das Förderband antreibt. Der Gürtel schlängelt sich als Tiefenwasser vom Atlantik durch Antarktis und Indischen Ozean zum Nordpazifik. Hier erwärmt sich das Wasser und fließt wieder zurück. Nach Broeckers Überlegungen tragen die Strömungen dazu bei, das globale Klima zu regulieren. Er deutete früh darauf hin, dass das Förderband die „Achillesferse des Klimasystems" sei und es sich innerhalb von Jahrzehnten ändern könne, auch durch menschliche Einflüsse. Eine Erwärmung vor allem der Nordhemispäre könnte zu einem zunehmenden Süßwassereintrag durch das Schmelzen des Grönlandeises führen und so das Förderband abschwächen. Broecker sagte 1975 erhöhte CO_2-Werte in der Atmosphäre für 2010 sowie den Klimawandel vorher und gilt als Erfinder des Begriffs „globale Erwärmung".

Wieso ist auf Satellitenkarten immer ein Loch am Pol?

Detlef Thiessen, per E-Mail

Für einen Globus ist das praktisch: An dem vermeintlichen Loch an den Polen wird die Erdkugel – meist mit einem Stab – befestigt. Tatsächlich sind die Gründe für diese Art der Darstellung auf Karten technischer Natur. Will man Prozesse über einen langen Zeitraum beobachten, müssen die Bedingungen so konstant wie möglich sein. Daher ist es wichtig, dass die Sonne immer im gleichen Winkel zur Erde steht, sodass etwa Schatten immer gleich lang sind. Bei vielen Satelliten achtet man daher darauf, dass sie den Äquator immer zur gleichen lokalen Zeit überqueren, typischerweise um Mittag/Mitternacht oder um 6 Uhr morgens/18 Uhr abends. Um das zu gewährleisten, darf der Orbit des Satelliten nicht genau senkrecht zum Äquator liegen, sondern muss leicht geneigt sein. Man spricht hier von Inklination. Die typische Inklination liegt bei etwa 98 Grad, es werden also Breitengrade bis 82 Grad Nord/Süd abgedeckt. Der Satellit schaut darüber hinaus nicht genau nach unten, sondern in einem Winkel von 55 Grad zur Seite. Mit einem geneigten Orbit sind sehr viel weniger Korrekturen nötig, um den Satelliten auf der richtigen Bahn zu halten, sodass man Treibstoff sparen kann. Durch den Winkel und die Route entsteht beim Überflug eine Art blinder Fleck, der dann auf Karten als Loch dargestellt wird.

Erdbeobachtung verlangt konstante Bedingungen, etwa dass Schatten immer gleich lang sind

Wie gleichen Pottwale den Druck beim Tauchen aus?

Ulrike Bohle, per E-Mail

Unter Druckausgleich verstehen wir den Ausgleich des Drucks, der an beiden Seiten des Trommelfells ansteht. So können wir Menschen durch das sogenannte Valsalvamanöver einen Druckausgleich zwischen Mittel- und Außenohr herstellen – wie im Flugzeug. Das Mittelohr von Pottwalen ist jedoch nicht mit Luft gefüllt, sondern mit Gewebe ausgekleidet, erklärt Michael Dähne vom Deutschen Meeresmuseum Stralsund. Insofern ist ein Druckausgleich im herkömmlichen Sinn bei Pottwalen nicht nötig. Bei Pottwalen gibt es aber auch das Phänomen, dass Stickstoff in den Organen und Geweben gespeichert wird und durch den großen Druck in den Geweben beim Auftauchen ausgasen könnte. Dem wird vorgebeugt, indem beim Tauchen nur wenig Luft im Körper bleibt – aller Sauerstoff ist in den Geweben, etwa in den Muskeln und im Blut, gespeichert und wird verbraucht. Die Lunge kann somit kollabieren und enthält im Endeffekt keine oder nur wenig Luft während des Tauchens. Deshalb haben Wale oft viermal mehr Blut als terrestrische Tiere gleicher Größe. Trotzdem müssen Wale langsam auftauchen, um den Stickstoff unschädlich abzuatmen. Pottwale brauchen aber ein wenig Luft für die Produktion ihrer Klicklaute, sodass in den Nasengängen unter dem Blasloch und den sogenannten phonischen Lippen immer etwas Luft verbleibt.

Die Lunge von Pottwalen kann ganz kollabieren, weil aller Sauerstoff im Gewebe gespeichert ist

AUF EINER WELLENLÄNGE

Egal ob sie eine Legende sind oder ein Talent, Profi oder Amateur, jung oder alt, männlich oder weiblich, Kalifornier, Australier oder Hawaiianer – Surfer eint eine Leidenschaft, die weit mehr ist als Sport und Wettkampf: die Welle

Fotos: Stephan Vanfleteren Text: Kevin McAleer

Warren Hoohuli, semiprofessioneller Surfer und Rentner, Oahu, Hawaii, USA

Yan Söndahl, Surftalent und Reality-TV-Star, Maresias, São Paulo, Brasilien

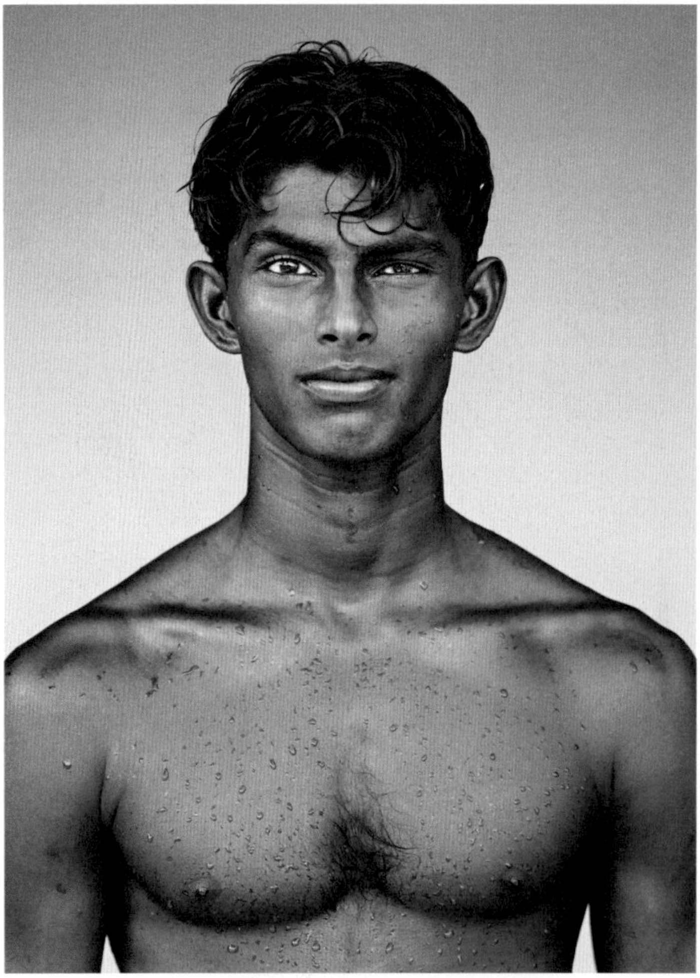

Babu A. Anushanth, semiprofessioneller Surfer und Fischer, Arugam Bay, Sri Lanka

Mamadou Samba, Nachwuchssurfer,
Dakar, Senegal

Izzy Hobbs, Surferin und Fotografin,
Gold Coast, Queensland, Australien

F

FÜR HERANWACHSENDE IM KALIFORNIEN DER 1970ER WAR Surfer zu sein der Gipfel der Coolness. Das galt jedenfalls für mich. Klar, es gab damals viele Surfer. Oder eher: viele sogenannte Surfer. Um ein echter Surfer zu sein, reichte es nicht, ein Brett zu kaufen und sich von seiner Mutter als Surfpenner beschimpfen zu lassen. Damit war man nur jemand, der surfte. Der Unterschied lag in der unbedingten Hingabe. Ein Surfer war jemand, der alles stehen und liegen ließ – die Arbeit, die Mädchen, die Schule (ganz besonders die Schule) –, um sich bei passendem Wellengang in die Fluten zu stürzen. Wie gut man surfen konnte, war dabei zweitrangig. Das Wesentliche war die Bereitschaft, alles oder jedenfalls fast alles zugunsten des Surferlebens aufzugeben.

Wir sprachen damals von „Hardcore-Surfern" – Kriegerseelen, die sich nichts und niemandem und schon gar keiner gesellschaftlichen Konvention unterwarfen, sondern dafür lebten, ungestört Wellen zu jagen. Typen, die in ihren Kleinbussen lebten, am Strand schliefen. Man fragte sich, wovon sie lebten. Einige arbeiteten als Rettungsschwimmer, um nahe am Meer zu sein, oder in Surfshops, um nahe am Surfen zu sein. Andere hatten richtige Berufe an Land, als Feuerwehrleute oder Lehrer, allerdings nur, weil ihnen das genug Zeit zum Surfen ließ.

Surfer hatten nicht nur Willensstärke, sie waren auch körperlich stark. Auf dem Brett zu stehen war noch die leichteste Übung. Doch mit den Armen immer wieder über Wellen hinweg und darunter hindurch zu paddeln, bis man es schließlich auf die richtigen, großen Brecher schaffte – das war es, was die Kerle von den Jünglingen unterschied. Drei bis vier Stunden lang, manchmal noch länger – waren die Wellen gut, machte einen das nur noch heißer und das Zurückpaddeln vor der vollkommenen Erschöpfung zum Ding der Unmöglichkeit. Bahnen schwimmen, Langstrecke laufen oder Gewichtheben brachten es nicht. Man musste einfach surfen. Wir nannten das „Surf-Kondi". Ich war als Schüler Stabhochspringer, in der Uni dann Zehnkämpfer und Leistungsruderer, also ganz fit, doch ohne regelmäßiges Surfen lief nichts. Wir ernährten uns extrem ungesund (das einzige Grünzeug, das wir zu uns nahmen, war der Salat auf den Big Macs), doch solange wir regelmäßig surften, waren wir gegen alles gewappnet, was Neptun auf Lager hatte.

Die meisten Leute glauben, man müsse nur an den Strand gehen und lossurfen. Das wäre allerdings bequem. Es müssen jedoch eine Reihe von Faktoren zusammentreffen – Dünung, Wind und Tide müssen stimmen, die passende Strömung ist auch von Vorteil, und natürlich der richtige Strand –, was bedeutet, dass brauchbare Wellen ein seltenes Gut sind. Genau darum arrangieren Surfer ihr Leben um ihre Sportart herum und vergessen alles andere, sobald die Brandung günstig ist und sie sich dumm und dusselig surfen können.

Lesen Sie bitte weiter auf Seite 22

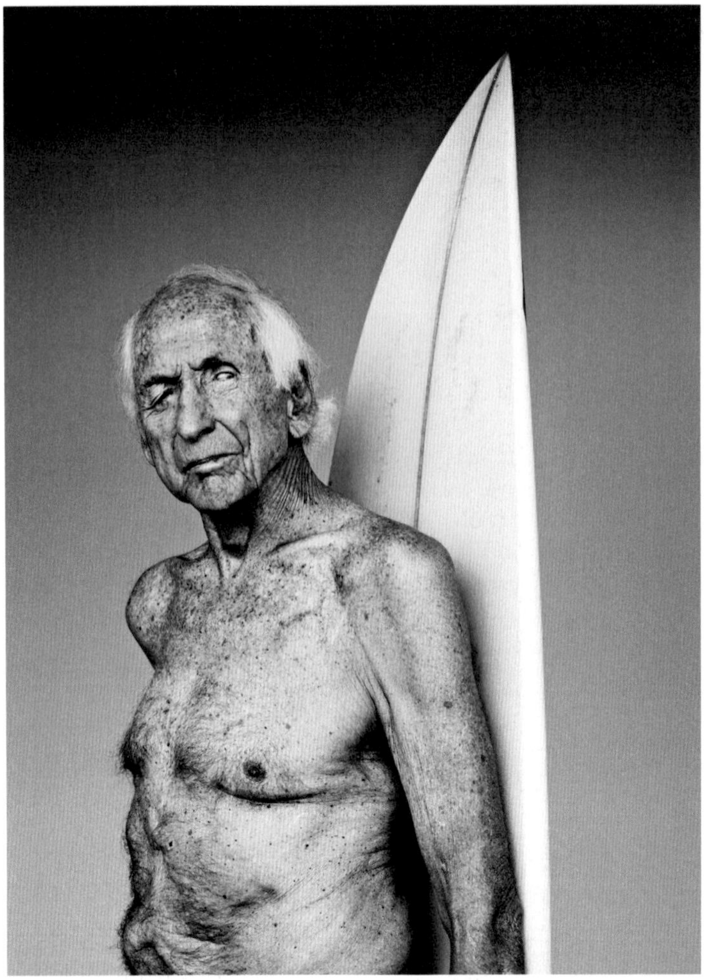

Peter Cole, Big-Wave-Surflegende, Oahu, Hawaii, USA

Kelly Slater, Profisurfer und elffacher Weltmeister, Florida, USA

Ikaika Kalama, Profisurfer, Stand-up-Paddler, Surfschulbesitzer, und sein Sohn Tamaroaarii Kalama, Nachwuchssurfer, Oahu, Hawaii, USA

Jason Binns, Longboard-
surfer, Honolulu,
Hawaii, USA

Kaniela Stewart, Profi-
surfer und Longboarder,
Oahu, Hawaii, USA

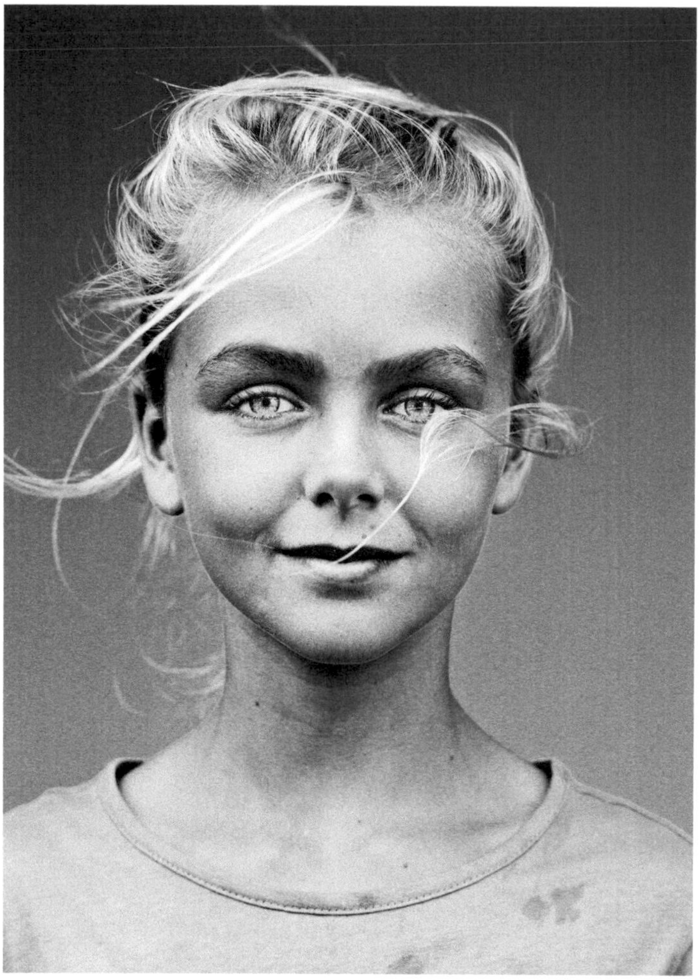

Mick Fanning, Profisurfer und Surfchampion, Tweed Heads, New South Wales, Australien

Zahlia Short, Surftalent, Wollongong, New South Wales, Australien

Die meisten Leute denken beim Surfen an Sommer. Das liegt vermutlich am Kultfilm „The Endless Summer" und den sonnigen Gute-Laune-Hits der Beach Boys (kleine Anmerkung am Rand: Surfmusik ist das einzige musikalische Genre, das auf eine Sportart zurückgeht). Doch diese sommerlichen Strandbilder zeigen nur die halbe Wahrheit. Besonders schön finde ich die Zeile aus dem Beach-Boys-Song „Surfin' U.S.A.": „We're waxin' down our surfboards, we can't wait for June." Auf den Juni warten? Wohl eher auf den September oder Oktober. Surfer fieberten darauf hin, dass die sommerlichen Good Vibrations und der Fun, Fun, Fun endlich vorbei waren. Wir sehnten uns danach, dass die Massen sich von den Stränden und aus dem Meer verzogen und wir nicht mehr um Wellen kämpfen mussten … oder um Parkplätze.

D

Der Winter war des Surfers Freund. Denn dann wurden die Wellen höher, das Strandhasenpublikum blieb aus, und dementsprechend war weniger los im Meer. Trotzdem musste man der Meute eine Nasenlänge voraus bleiben. Eines Neujahrsmorgens, als ich sicher war, dass alle anderen noch schliefen, stieg ich in aller Frühe aus den Federn und fand anständige Wellen am Zuma Beach, ganz für mich allein. Ich hielt es eine halbe Stunde im Wasser aus. Es war bitterkalt. Das einzig Gute daran war, dass ich nichts gespürt hätte, wenn mir ein Hai den Fuß abgebissen hätte. Als ich aus dem Wasser kam, waren meine Hände ungefähr so geschickt wie Seehundflossen. Es dauerte eine Stunde, bis meine Finger so weit aufgetaut waren, dass ich den Neoprenanzug ausziehen, meinen Autoschlüssel greifen und ihn fest genug halten konnte, um die Tür meines VW Käfers zu öffnen und ihn anzulassen.

Handschuhe und Schuhe aus Neopren waren damals noch unüblich. Es gab noch keine Webcams, die die Brandung im Blick behielten, keine Wettersatellitenbilder im Internet, wir hatten noch nicht einmal so etwas Simples wie Mobiltelefone, mit denen uns Kumpels Lageberichte von der Küste hätten übermitteln können. Es war die Zeit vor dem vielfältigen Equipment, mit dem sich Wellen nicht nur finden, sondern auch leichter reiten lassen.

Wir hatten natürlich Leinen. Für die Generation vor uns waren das Deppenleinen, Anfängerkordeln, denn wer seinem abtrünnigen Brett nicht hinterherschwamm, war kein echter „Wassermann". Doch die Leinen erlaubten mehr Experimente. In den 1970er-Jahren waren sie weit verbreitet und ermöglichten so das Tube-Riding, ein Kunststück, das ohne Leine nur den wenigsten vorbehalten war. In den 80er-Jahren folgten die Luftsprünge, dann die wahnwitzigen Luftsprünge, dann die wirklich geisteskranken Luftsprünge,

Lesen Sie bitte weiter auf Seite 29

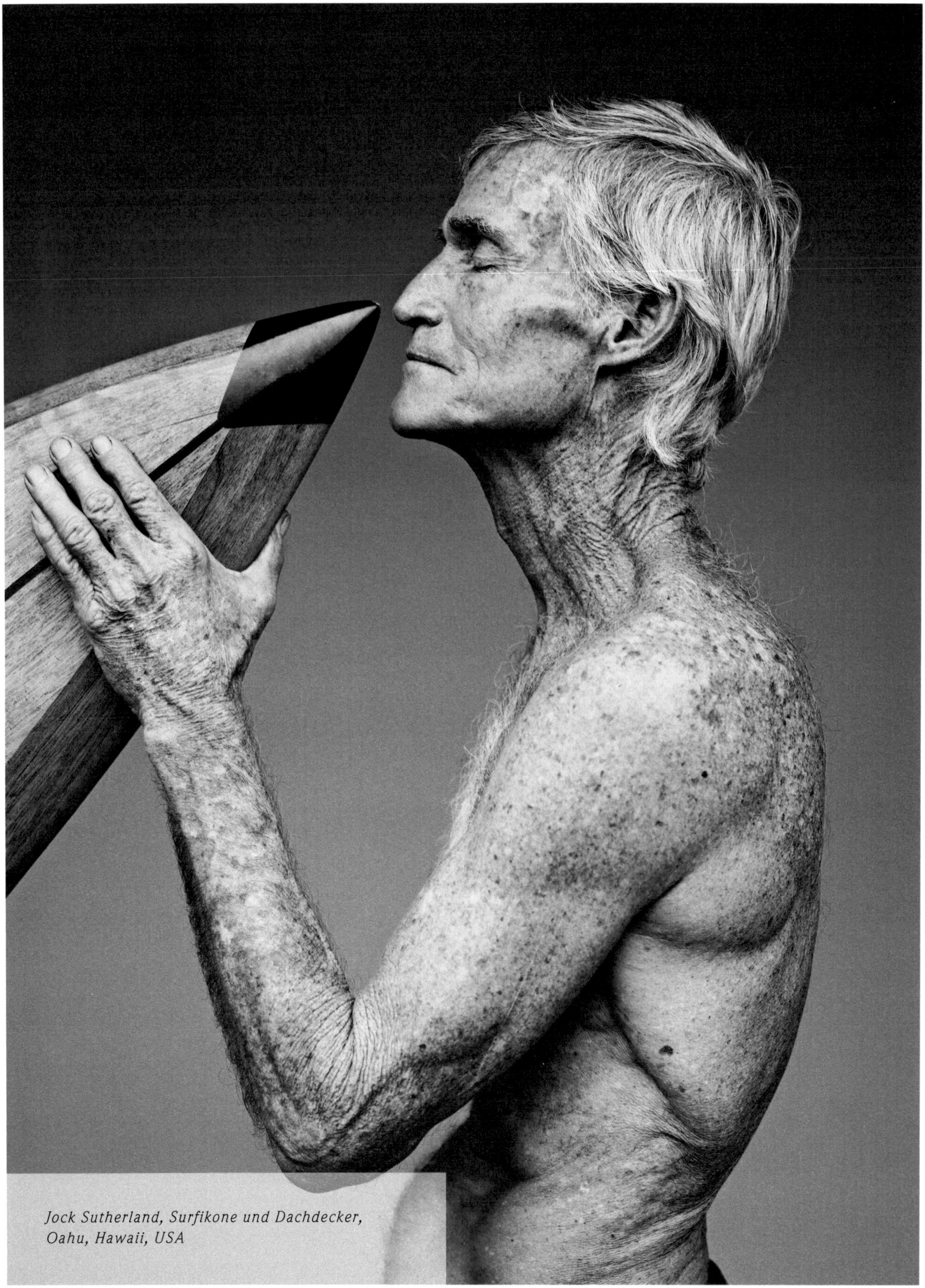

Jock Sutherland, Surfikone und Dachdecker,
Oahu, Hawaii, USA

Bethany Hamilton, Profisurferin und Opfer einer Haiattacke, Kauai, Hawaii, USA

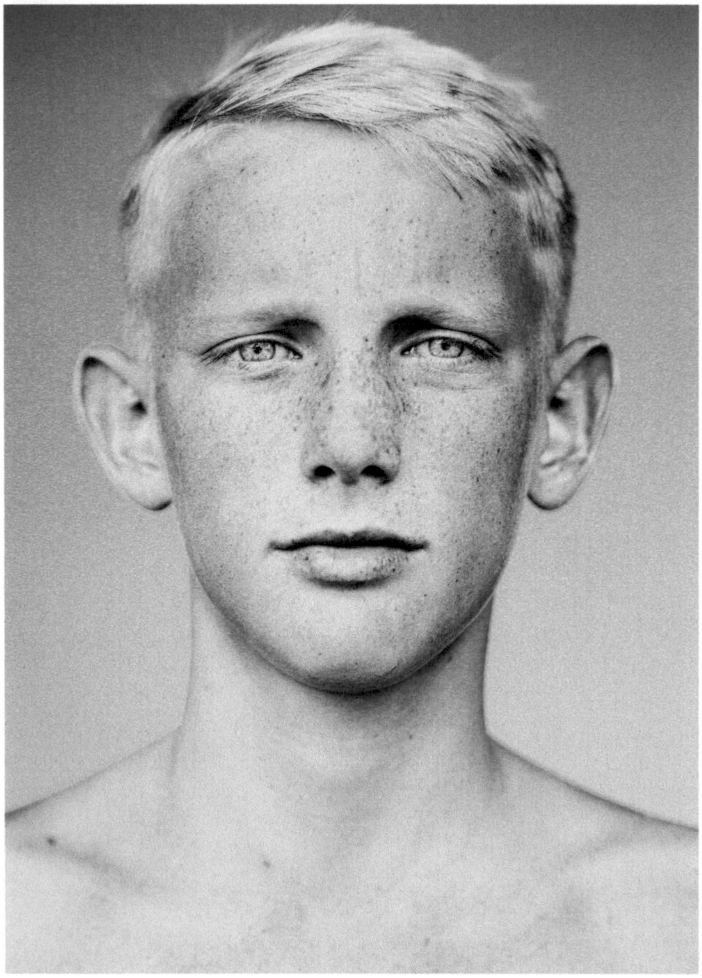

Tony Morlett, semi-professioneller Surfer, Mixed-Martial-Arts-Kämpfer und Holzfäller, Truckee, Kalifornien, USA

Jonathan Herbert, Nachwuchssurfer, Oahu, Hawaii, USA

Sheldon Simkus, Profisurfer, Tweed Heads, New South Wales, Australien

Kimo Leong, semi-professioneller Surfer und Chef eines Sicherheitsdiensts, Oahu, Hawaii, USA

Patrick Sakai, semiprofessioneller Surfer,
San Clemente, Kalifornien, USA

Laird Hamilton, Surflegende und Big-Wave-Surfer,
Kauai, Hawaii, USA

und natürlich wurde dabei kein Surfer auf der Inside von einem der vielen Bretter erschlagen, die in der Suppe herumschwappten.

Allerdings waren die Boards zu diesem Zeitpunkt auch schon ziemlich leicht. Wer eines abbekam, konnte zwar immer noch sterben (indem er ohnmächtig wurde und ertrank), aber es war nicht mehr so, als knallte einem ein Konzertflügel auf den Schädel. Die ersten Surfbretter auf Hawaii waren Monster, schwer wie ein Mann und dreimal so hoch, was kein Wunder war, denn sie wurden aus ganzen Baumstämmen geschnitzt. Die hawaiianischen Surfer versetzten die ersten englischen Seeleute in Erstaunen, die dort Ende des 18. Jahrhunderts an Land gingen und feststellen mussten, dass andere offenbar noch wellentauglicher waren als sie selbst. Weitaus weniger beeindruckt waren die Missionare aus Neuengland, die kurze Zeit später kamen und den nackten Wasserspaß als reine Sünde abtaten (der amerikanische Schriftsteller H. L. Mencken bezeichnete den Puritanismus nicht ohne Grund als „die quälende Furcht, dass irgendwo irgendjemand glücklich sein könnte"). Kaum waren die Missionare an der Macht, fuhren die Hawaiianer ihre Surferei herunter. Ein Jahrhundert später nahmen die USA Hawaii ein. Kalifornier wie Jack London entdeckten das Surfen für sich und halfen so, es wiederzubeleben. Sie brachten die Sportart mit sich zurück in den „Golden State", von wo aus sie ihren weltweiten Siegeszug antrat. Einer dieser Kalifornier war mein Großvater: Als gebürtiger Angeleno und Berufsoffizier war er nach dem Ersten Weltkrieg für zwei Jahre am Stützpunkt Schofield Barracks in Oahu stationiert und trat dort dem Outrigger Canoe Club bei. Alte Aufnahmen zeigen ihn neben riesigen Surfboards posierend – die zum Wasser zu schleppen muss ihn schon komplett ausgepowert haben. Trotzdem schaffte er es, eines davon mit zurück nach L. A. zu nehmen, ein Ungetüm aus Mahagoni.

Die Kalifornier verarbeiteten regionale Materialien, und so wurden aus den Mahagonibrettern solche aus Redwood. In den 1930er-Jahren bekamen sie eine Finne, um nicht wegzurutschen (man nannte das „slide ass"); in den 40ern gab es Boards aus leichterem Balsaholz mit einem Rahmen aus Glasfaser, der das zerbrechliche Holz zusammenhielt (das Fiberglas hatten amerikanische Ingenieure zu Kriegszwecken entwickelt); in den 50ern ersetzte PU-Schaum das Balsaholz (den Schaum hatten deutsche Ingenieure zu Kriegszwecken entwickelt), sodass die Boards leichter manövrierbar und vor allem für Anfänger leichter zu beherrschen waren als die schwerfälligen Bohlen von anno dazumal. Die Schaumstoff- und Glasfaserboards läuteten den Surfboom der 60er-Jahre ein, die Leine als Neuerung der 70er machte den Neulingen die Sache noch einfacher, und gleichzeitig wurden die Bretter immer kürzer und leichter. Die 90er-Jahre brachten das Tow-in-Surfing, und Irre wie Laird Hamilton ritten auf Brettern mit Fußriemen unmenschliche Wellen, die noch wenige Jahre zuvor als unsurfbar und schlichtweg mörderisch galten. Das Hauptproblem war weniger, diese Riesenwellen von zehn Meter Höhe oder mehr zu surfen, sondern mit dem Board die Geschwindigkeit zu erreichen, die es brauchte, um eine solche Welle überhaupt zu erwischen. Man musste so schnell paddeln, dass man gegen das ganze Wasser ankam, das die Steilwand der Welle hochströmte, und je höher die Welle, desto mehr Wasser war da, und niemand brachte das Board so in Fahrt, aber vielleicht mit einem Jetski …

Doch das alles war damals noch Zukunftsmusik. Genau wie die globale Expansion des Surfens. Kalifornien, Hawaii, Florida, Südafrika und Australien – vor zwei Generationen waren dies die Brutstätten des Surfens. Heute scheint die ganze Welt zu surfen. Sogar Frauen. Das mag wie ein billiger Chauvi-Scherz klingen, ist es aber nicht. Zu meiner Zeit gab es tatsächlich kaum Surferinnen. Es lag nicht daran, dass sie nicht willkommen waren, und es gab auch einige wenige Surferinnen, aber insgesamt waren Frauen sehr rar. Ich bin froh, dass das heute anders ist. Damit steigt zwar die Gesamtzahl im Lineup, doch es senkt auch den Testosteronspiegel, und dafür ist jedes Mittel recht.

Ich sprach eingangs von der Kriegerseele. Die meisten Leute machen sich nicht nur eine falsche Vorstellung vom Surfen, sondern auch von Surfern. Sie verwechseln sie mit Hippies. Sie stellen sich locker entspannte „Love & Peace"-Freaks vor, langhaarige, sanfte Dudes, die gern mal einen durchziehen, auch anderen Spaßdrogen nicht abgeneigt sind und einfach dem Lustprinzip und ihrem hedonistischen Dasein frönen. Der Unterschied zwischen Hippies und Surfern war allerdings, dass Surfer Könner waren, tollkühne, anmutige Athleten. Und im Gegensatz zu Hippies waren es Typen, mit denen man sich besser nicht anlegte. Ich hab genug Prügeleien im Lineup gesehen. Typen, die vom Brett aus Schläge verteilten oder den Kampf an den Strand verlagerten, wo man besser zulangen und sich ganz klassisch vermöbeln konnte. Die Surferdichte in Südkalifornien war höher als überall sonst auf der Welt, und die Nachfrage nach Wellen überstieg das Angebot um ein Vielfaches, sodass die Konkurrenz hart war. Zum Darwinismus im Lineup kam der flammende Lokalpatriotismus an vielen Surforten, wo Einheimische ihr „Revier" gnadenlos gegen unerwünschte Eindringlinge verteidigten. Das ging schon mal über einfache Faustschläge hinaus und konnte damit enden, dass einem die Reifen zerstochen, die Windschutzscheibe eingeschlagen oder gleich das ganze Auto abgefackelt wurde.

S

Surfer sind potenziell schwierige Zeitgenossen. Die U.S. Marines können das bestätigen. Jahrelang machte deren Stützpunkt Camp Pendleton den erstklassigen Surfspot Trestles unzugänglich für Zivilisten – und es ist nicht so, als würden die Marines surfen. Doch sie gaben vor, den Strand zur Vorbereitung auf die nächste Landung in der Normandie zu brauchen. Leider hatten sie dabei ihre liebe Not, die Invasion der Surfer abzuwehren. Die Geheimaktionen, das gegenseitige Ausbooten und die schonungslosen Zusammenstöße zwischen Surfern und Marines in Trestles waren legendär. Kurz bevor ich mit dem Surfen anfing, hatten die Elitestreitkräfte endlich kapituliert und den Strand wieder freigegeben. Es war immer noch ein ziemlicher Fußmarsch, aber die Marines oder irgendjemand anders war freundlich genug gewesen, den Kilometer bis zum Strand zu asphaltieren. So konnten wir auf den PU-Rollen unserer Skateboards mit unseren PU-Surfboards und ihren PU-Leinen (später Siegeszug der Krauts!) Richtung Wellen rollen, um dort, unseren furchtlosen Vorreitern sei Dank, unbehelligt zu surfen.

Wenn ich morgens am Pacific Coast Highway hielt und mein Board vom Dachträger holte, taten mir die Anzugträger leid, die in ihren BMWs an mir vorbei zur Arbeit fuhren. Wie konnte man nur den ganzen Tag im Büro sitzen, mit einer Krawatte um den Hals? Wie ein Galgenstrick. Sie lebten höchstwahrscheinlich nah am Strand, verdienten gut, aber was nützten ihnen das ganze Geld und das Haus mit Meerblick, wenn sie nicht surften? Keiner von denen hatte einen Surfträger auf dem Auto. Es war mir ein Rätsel. Dann nahm ich mein Brett und ging runter zu den Wellen, in der jugendlichen Gewissheit, dass man nur wenig braucht, um glücklich zu sein.

Aus dem Amerikanischen von Julia Ritter

Stephan Vanfleteren, Jahrgang 1969, lebt als freier Fotograf für Panos Pictures im flandrischen Veurne. Eineinhalb Jahre reiste der Belgier an viele Küsten, um in die Welt der Surfer einzutauchen – und in Nahaufnahmen ihre Persönlichkeit an die Oberfläche zu bringen.

Kevin McAleer, 1961 in Santa Monica, Kalifornien, geboren, lebt und arbeitet heute als Schriftsteller und Übersetzer in Berlin. Er ist der Verfasser des Romans „Surferboy" (deutsche Erstausgabe: mareverlag, 2015) und veröffentlichte zuletzt „Errol Flynn: An Epic Life" (PalmArtPress, 2018), eine Biografie als Versepos.

Sioux
GERMANY SINCE 1954
EXKLUSIV FÜR MARE-LESER
20€ RABATT*
IHR CODE: MARE-133
ZEICHEN SETZEN.
SPUREN HINTERLASSEN.
FREI SEIN.
DAMENMODELL HUSNIYA-700
HERRENMODELL GUIMELO-703
WWW.SIOUX.DE
*Gültig bis 31.05.2019. Maximal ein Gutschein pro Bestellung. Mindestbestellwert 65€.
Nur einlösbar auf www.Sioux.de. Rabattgutschein gilt für unser gesamtes Sortiment.

Himmel

Fundstücke aus Kunst und Literatur

„Wolken jagen über das Uferlose", schreibt Max Frisch (1911–1991) und ergänzt: „Man sitzt und schaut, ganz sich selber ausgesetzt." Das Meer ist ohne Himmel nicht zu denken, die Gewaltigkeit unten und die Endlosigkeit oben lassen in uns die großen Gefühle erwachen, innerer und äußerer Raum werden eins. Auch die in Berlin lebende sibirische Musikerin und Lyrikerin Sainkho Namtchylak (geboren 1957) zeigt sich angesichts der Größe von Ozean und Himmel demütig. In ihrem Gedicht verbindet sie die beiden Elemente zu einer Synthese wie in ihrer Arbeit die traditionelle sibirische Musik mit Jazz. Auf Gustave Courbets (1819–1877) Gemälde „Der Strand bei Sonnenuntergang" sehen wir eine Frau, die ein Segelboot betrachtet, und erfahren die Tiefe des Raumes ebenso wie die schmerzliche und gleichermaßen beruhigende Kleinheit unserer Existenz angesichts der Gewalt der Natur. *zdb*

Max Frisch
Aus: Tagebuch 1946–1949

Kampen, Juli 1949
Endlich ein Arbeitszimmer, wie man es sich wünscht: groß und licht, bequem auf eine nüchterne Art, zwei Fenster hinaus auf das Wattenmeer, viel Platz zum Gehen, Tische, wo man Papiere ausbreiten kann, Entwürfe, alte und neue, Briefe, Bücher, Muscheln und Seesterne, Ketten von trockenem Tang – ich bin schon die dritte Woche in diesem lieben Haus – und draußen flötet der Wind, Regen prasselt gegen die Scheiben, die vom Anfall des Windes zittern, Wolken jagen über das Uferlose. Man sitzt und schaut, ganz sich selber ausgesetzt. Hin und wieder kippe ich einen Steinhäger oder zwei; man braucht das bei so viel leerem Himmel. Oder ich greife zum Feldstecher, der auf dem Sims liegt, schaue, ob jemand über die Heide stapft, ein Briefträger, ein Mensch. Das rötliche Gras, büschelweise im Winde wogend, hat das Fliehend-Bleibende von Flammen; anzusehen, als brenne der ganze Hang. Hin und wieder ein britischer Düsenjäger, der über die Insel jault. Viel Raum. Man spürt den Raum, auch wenn man nicht hinausschaut; wenn ich lese oder an der Schreibmaschine sitze oder an dem Pültchen stehe, wie eben in diesem Augenblick, es hört ja nicht auf, das Flöten des Windes, es bleibt das Gefühl, man befinde sich am Rande der Welt. Ein förderliches Gefühl; vieles macht es leichter. Noch habe ich mich keine Minute gelangweilt. Was ich an Menschenwerk sehe: sechs Häuser, weit ins Weite verstreut, jedes einsam, geduckt unter einer Kapuze aus mausgrauem Schilf. Ganz in der Ferne sieht man den Hindenburgdamm. Und natürlich einen Leuchtturm; eine verkehrte Uhr: der Zeiger steht, die Wolken fliehen dahin.

Sainkho Namtchylak
Der Ozean ist groß!

Seemöwen fliegen im verblassenden Tag.
Unter dem bleiernen Becher der Wolken
sucht die Sonne einen letzten Strahl.
Ich knie nieder unter dem Blick
bezeugend alle neugierigen Zuschauer.
Hören sie den Herzschlag des grollenden Ozeans, seiner
verborgenen Stärke.
Gleichgültigkeit gegen die Perfektion des Himmels
ertränkt in endloser Phantasie.
Als würde die Unschuld des Schöpfers
geniale Bilder malen
ungeachtet
der Erkenntnis
der Schönheit des Sonnenuntergangs,
brillante Einfachheit,
Reinheit der Schöpfung.

Aus dem Englischen von Jasper Friederichs

Gustave Courbet

„La plage, soleil couchant" („Der Strand bei Sonnenuntergang"), 1867,
Öl auf Leinwand, 54,9 mal 65,4 Zentimeter, Sotheby's, New York

mare verschenken
Mit der diesem Heft beiliegenden Geschenkabo-Karte können Sie mare-Hefte und mare-Kalender und/oder mare-Bildbände natürlich auch praktisch verschenken.

Zusätzlich zu mare – der Zeitschrift – gibt es auch die Möglichkeit, mare-Kalender und/oder mare-Bildbände im Abonnement zu beziehen. Beide erscheinen einmal jährlich im Herbst.

Der neue mare-Bildband „Normandie“
von Nicole Strasser.
Mit einem Essay von Karl Spurzem.
Format: 30 mal 26 Zentimeter, 132 Seiten.
Im Abonnement zahlen Sie für den Bildband nur 49 € statt 58 €.

Der mare-Kalender „Meeresblicke 2020“
Format: 82 mal 58 Zentimeter.
Im Abonnement zahlen Sie für den Kalender nur 40 € statt 49 € im Einzelkauf.

Kalendercover: © Hajo Hinz; Bildbandcover: © Nicole Strasser; Geschenkkarte: Ben Thouard

Hin und zurück

TEXT UND FOTOGRAFIE: ALIXANDRA FAZZINA

Es ist eine der größten humanitären Katastrophen dieser Zeit. Hunderttausende Menschen flüchten vom Horn von Afrika über das Meer nach Jemen – und Hunderttausende in die entgegengesetzte Richtung. Die Geschichten von Menschen auf einer hoffnungslosen Irrfahrt

Rechte Seite **Von der Hafenstadt Obock in Dschibuti stechen Schmugglerboote über den Golf von Tadjoura nach Dschibuti-Stadt in See, wo die Flüchtlinge Lebensmittel oder Medikamente einkaufen**

75

Oben Obwohl ihr Mann nicht mitkommen konnte, ist die 37-jährige Batol mit ihren fünf Kindern aus Jemen nach Dschibuti geflohen (im Bild ihre jüngste Tochter Shuhd).
Darunter Kinderbild einer arabischen Dhau, aufgehängt in einem Geschäft in Obock. Mit solchen Booten begeben sich die Flüchtlinge auf die gefährliche Reise übers Meer von und nach Jemen

Oben Drei Äthiopier machen Rast in Obock. Die Hafenstadt in Dschibuti ist eine Transitstation für Flüchtlinge aus Äthiopien, Eritrea und Somalia, die nach Jemen wollen, um auf der Arabischen Halbinsel Geld zu verdienen. *Darunter* Noch seekrank, ist die Somalierin Hasana gerade in der Hafenstadt Berbera im Norden Somalilands angekommen. Erst ist sie nach Jemen geflüchtet, jetzt wieder zurück nach Somalia

Die zwei Lager

Hinter einer Kurve auf der holprigen Küstenstraße kommt der vollgepackte Pritschenwagen der Schlepper quietschend zum Stehen. In der stickigen Hitze des Morgens, 40 Grad sind bereits erreicht, sehen sie die beiden Jugendlichen tot unter einem Baum liegen. Eben wurde noch hektisch durcheinandergeredet, doch jetzt sind alle verstummt. Die Männer, auf der Ladefläche zusammengepfercht, hören auf zu streiten, die Frauen, im Fahrerhaus dicht gedrängt, hören auf zu klagen. In leisem Unisono murmeln alle dieselbe beschwörende Formel, die Handflächen zum Himmel erhoben: „Inna lillahi wa inna ilaihi raji'un", „Zu Gott gehören wir, und zu ihm kehren wir zurück".

Eine sich langsam fortbewegende Gruppe von Migranten auf dem Weg nach Jemen ist an diesem Vormittag bereits an den namenlosen toten Jungen vorübergezogen. So wie sie da ausgestreckt im Schatten einer Akazie liegen, müssen Hunderte einfach an ihnen vorübergelaufen sein, die Köpfe auf den Asphalt gerichtet, in der Annahme, sie schliefen. Viele erliegen den Strapazen auf diesem letzten Abschnitt der Überlandstrecke aus Äthiopien, nachdem sie über mindestens eine Woche die schwarzen Sandwüsten inmitten einer fast unwirklichen Landschaft aus erloschenen Vulkankratern zu Fuß durchquert haben.

Drei Kilometer hinter der Schirmakazie verläuft ein Wadi bis in die äußeren Bezirke von Obock, der nördlichsten Stadt Dschibutis. Gerade 30 Kilometer sind es von hier über das Meer bis nach Jemen. Am Rand des Golfs von Aden und dem Zugang zum Roten Meer gelegen, befindet sich die kleine Republik Dschibuti an einem geografischen Kreuzungspunkt. Schon seit Langem beherbergt sie Tausende Menschen, die von den regionalen Konflikten, der politischen Instabilität, dem Klimawandel und der Armut in die Flucht getrieben wurden. In jüngster Zeit wurde der Staat zur Durchgangsstation auf einer der meistfrequentierten und gefährlichsten Fluchtrouten der Welt, mit Obock als Dreh- und Angelpunkt.

Vor der Stadt, inmitten von weitläufigem Buschland, durchschneidet die Schnellstraße zwei Lager: auf der einen Seite ein Auffangzentrum für Migranten, Anlaufstelle für den täglichen Zustrom von rund 300 Tahrib, so werden die Flüchtlinge in dieser Region genannt, die ungeachtet des Krieges mithilfe von Menschenschmugglern und Schleusern über Dschibuti nach Jemen gelangen wollen, auf der anderen Seite der Straße das Flüchtlingslager Markazi, mit einem Drahtzaun umgeben. Die Ansammlung von verwitterten Zelten beherbergt eine schwankende Zahl von etwa 4000 Flüchtlingen aus Jemen, die paradoxerweise in die entgegengesetzte Richtung geflohen sind.

Hätten die beiden an diesem Morgen tot aufgefundenen Jugendlichen noch eine halbe Stunde weiterlaufen können, hätten sie in dem neu errichteten Krankenhaus des Auffangzentrums medizinische Hilfe bekommen. Es ist ein Drama, das sich, wie sein Manager Mohammed sagt, seit der Gründung des Zentrums vor sieben Jahren immer wieder ereignet. Trotz ihrer Bemühungen, die Migranten zu informieren und auf ihrem Weg über die Wüstenpfade mit Trinkwasser zu versorgen, finden seine Mitarbeiter regelmäßig Leichen an den Straßen des Landes.

In drei großen, halb offenen Gebäuden mit blauen Moskitonetzen hausen in ständiger Fluktuation an die 500 Männer, Frauen und Kinder. Das Auffangzentrum kümmert sich um die hier Gestrandeten, um diejenigen, die krank oder verletzt sind oder missbraucht wurden. An die 10 000 von den geschätzten 150 000 Migranten, die im vergangenen Jahr nach Jemen gelangen wollten, wurden hier erstversorgt. Fast alle kommen aus Äthiopien, in der Mehrzahl junge Männer, doch die Anzahl der minderjährigen Kinder, die ganz allein unterwegs sind, steigt von Jahr zu Jahr.

Sogenannte Delals, die potenzielle „Kunden" für die Schleuserbanden rekrutieren, sprechen gezielt arme Großfamilien und verwaiste Kinder an und haben so in manchen Dörfern ganze Generationen weggelockt. Jugendliche, die keinen größeren Wunsch haben, als die Hütten ihrer Vorväter für ein Mobiltelefon und den erhofften Eintritt in die moderne Welt hinter sich zu lassen, werden vom Versprechen einer kostenlosen Reise verleitet, für die man später mit dem in Saudi-Arabien angeblich leicht verdienten Geld zahlen wird. Diese Legenden werden immer wieder weitererzählt; so verfestigt sich die fantastische Vorstellung von einem neuen Leben in den reichen Ölländern auf der anderen Seite des Meeres.

Im Lager Markazi, auf der anderen Straßenseite, zwischen den abgerissen und verwahrlost wirkenden Unterkünften, die die Dauer des Krieges im Jemen veranschaulichen, kennen sie die Realität auf der anderen Seite des Meeres. Auch die Gruppe von Menschen, die sich unter dem Vorzelt eines Lebensmittelladens versammelt hat, ist vor dem Elend in Jemen geflohen. Die jemenitische Inhaberin Maluka tritt hinter ihren von Sonnenenergie angetriebenen Kühlschränken hervor. Inmitten des ausgedehnten, aus zerrissenen Stoff- und Plastikplanen errichteten Wohnbereichs ihrer Familie hockt Malukas Schwägerin Amara auf ihren mit schwarzem Henna gefärbten Fersen. Sie gehört zu den Oromo, der größten Volksgruppe Äthiopiens, wuchs jedoch als Flüchtling in Jemen auf, wo sie später heiratete, ein Beispiel für das bunte Völkergemisch, das sich als Folge der ständigen Wanderung in der Region herausgebildet hat.

Als starke, unabhängige Frau, die ihr eigenes Geschäft betreibt, gehört Maluka zu denen im Lager, die sich erfolgreich behauptet haben. „Gleich nach meiner Ankunft hier habe ich ein kleines Lokal eröffnet und Kaffee verkauft. Doch dann wurde ich geschlagen. Die Wachen schlugen mir ins Gesicht, sie schlugen meine Kinder und sagten mir, ich dürfe hier nicht arbeiten. Als ich mich darüber beschwerte, wurde ich ins Gefängnis geworfen. So viele schlimme Dinge passieren im Inneren dieser Zelte, man ist hier nicht sicher." Sie spricht über die an diesem Tag in Markazi vollzogene Heirat eines Polizisten mit einem schwangeren minderjährigen

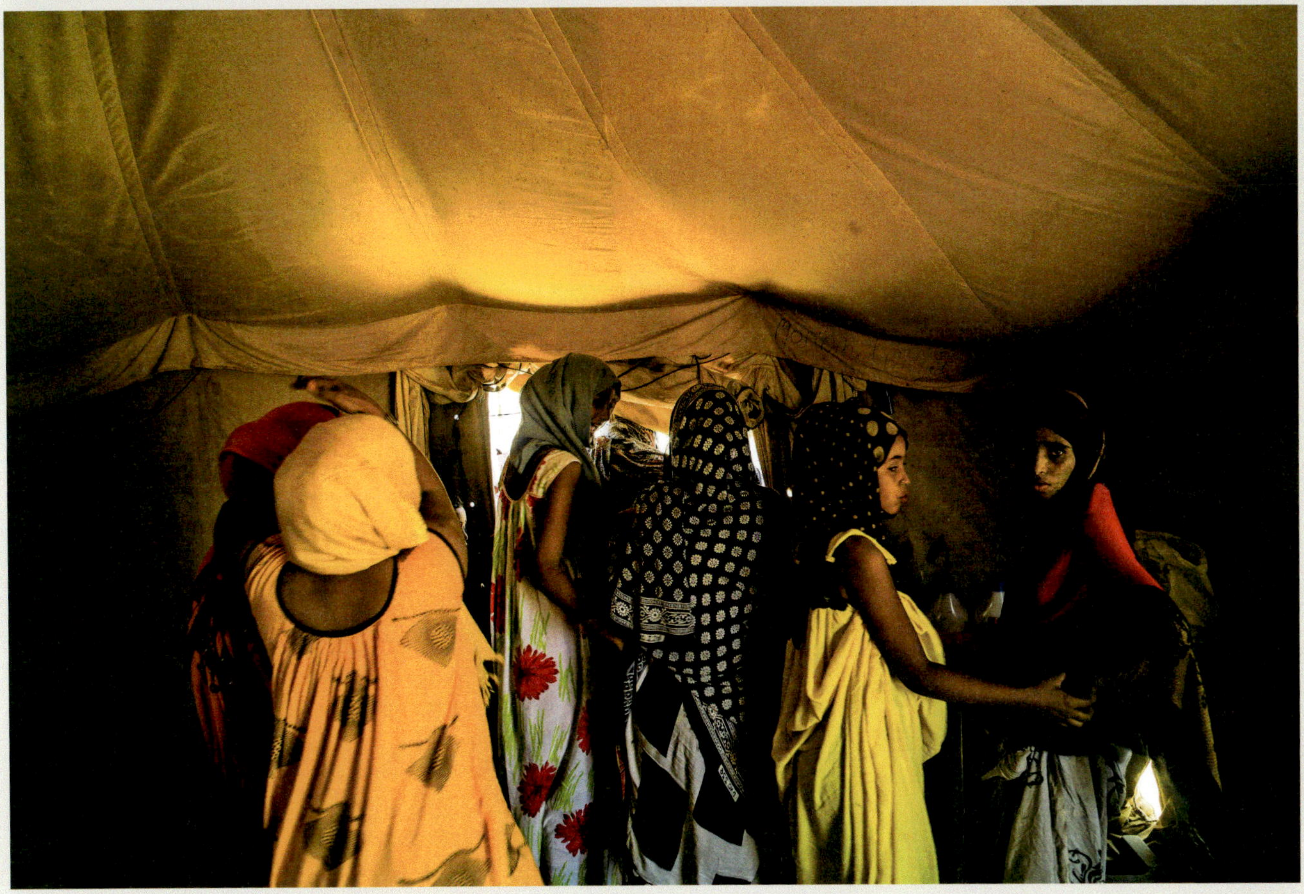

Oben Am Morgen mit Booten in Somaliland angekommen, spielt eine Gruppe jemenitischer Kinder auf Schaukeln auf dem Gelände des Flüchtlingszentrums in Berbera.
Darunter Jemenitische Frauen und Mädchen versammeln sich in einem Zelt im Flüchtlingslager Markazi. Sie feiern die arrangierte Ehe der 18-jährigen Fatuma, die traurig ist, weil sie nun von ihrer Familie getrennt wird

Oben **Schnappschuss aus einem Pritschenwagen, der Flüchtlinge heimlich an die Küste bei Obock transportiert, wo die Boote nach Jemen ablegen.**
Darunter **Ein junger Äthiopier läuft an Plastikflaschen vorbei, die die Karawane von Flüchtlingen in Dschibuti hinterlassen hat. Seit Jahren zieht es Menschen nach Jemen, obwohl dort Krieg herrscht**

Mädchen, dem jüngsten Opfer der allgegenwärtigen Vergewaltigung und des Missbrauchs, gegen die nichts unternommen wird. „Niemand fühlt sich hier in Sicherheit. Obwohl wir Flüchtlinge sind, werden wir nicht geschützt."

Nur einmal im Monat werden Lebensmittel zugeteilt, und so wird die Mühsal des täglichen Lebens im Lager Markazi durch die fast konstant herrschende Hitze bestimmt. Außerhalb der Unterkünfte scheint ein Überleben für Menschen kaum möglich zu sein. Wenn die erbarmungslose Hitze des Nachmittags anbricht, macht das Lager einen vollkommen verlassenen Eindruck, keine Menschenseele ist zu sehen. Umherstreunende Kamele und Gruppen von Pavianen durchstreifen auf Nahrungssuche die mit Müll gefüllten Gräben, die sich durch das ausgetrocknete Flussbett ziehen. Nur die gedämpft aus den Zelten dringenden Stimmen zeugen davon, dass dieser Ort von Menschen bewohnt wird.

In Jemen tobt seit vier Jahren ein komplizierter Konflikt, der sowohl Bürger- als auch Stellvertreterkrieg ist: auf der einen Seite eine Militärallianz von Saudi-Arabien und anderen arabischen Staaten, die die Truppen des Präsidenten Abed Rabbo Mansur Hadi unterstützen, auf der anderen Seite die schiitischen Huthi-Rebellen, die von Iran protegiert werden. Millionen Menschen droht eine Hungersnot. Im Gegensatz zu anderen lang andauernden Kriegen, die unzählige Menschen in die Flucht übers Meer getrieben haben, können sich in Jemen nur wenige die gefährliche Überfahrt leisten. Weil Schiffe mit Flüchtlingen außerdem zur Zielscheibe werden und Somalia und Dschibuti die einzig möglichen Fluchtorte sind, stecken die meisten Zivilisten in der Falle. Nach fast vier Jahren schier endloser Gewalt wird das Überleben zunehmend prekär. In einem Konflikt, der als die größte humanitäre Katastrophe der Welt gilt, in dem zwei Drittel der Bevölkerung dringend auf Hilfe angewiesen sind, bleibt vielen keine andere Wahl, als dem Tod ins Auge zu blicken. Nur relativ wenigen gelingt die Flucht, ein Teil davon bildet den wöchentlichen Zustrom in Dschibuti.

In der Randzone des Lagers, abgeschnitten von dem unwirklich schönen blauen Meer dahinter, hockt die fünffache Mutter Ifthikal und wiegt ihre neugeborene Tochter im Schatten eines Zeltes, das mit Zeichnungen von Bomben abwerfenden Kampfjets behängt ist. Draußen zeichnen Oula und ihre 13-jährige Tochter Abir mit den Zeigefingern Bilder in den Sand. Oula schreibt immer wieder „HELP!", während Abir sorgfältig Raketensprengköpfe mit allen Details zeichnet. Auf der Suche nach Zuflucht sind die Frauen vor 14 Tagen allein mit ihren Kindern hierhergelangt.

Zusammen mit Nachbarn ist Oula aus der Stadt Taizz geflohen, nachdem ihr Haus bombardiert und ihr Ehemann durch eine Panzerabwehrrakete getötet wurde. „Sein Kopf wurde ihm vom Rumpf gerissen." Sie wurde nach Aden in eine überfüllte Unterkunft gebracht. „Schon vor dem Tod meines Mannes habe ich so viel Schreckliches erlebt. Ich hatte mitansehen müssen, wie fünf Mitglieder meiner Familie vor meinen Augen getötet wurden. Sie starben auf so schreckliche Art. Ich sah, wie der Kopf meines Onkels am Boden zerschmettert wurde, und ich sah, wie sie ihre Leichen einsammelten, als würden sie Fleisch in einen Plastiksack füllen." Als Abirs Trauma sich in Schreianfällen bemerkbar machte, nahm sie ihre einzige Tochter und machte sich auf die Suche nach einem Boot, das sie wegbringen könnte. „Wir mussten einfach weg an irgendeinen anderen Ort in dieser Welt, um zu überleben. Man sagte uns, dass es in Dschibuti Hilfe gebe und die Bedingungen gut seien. Doch obwohl wir hier jetzt in Sicherheit sind, leiden wir immer noch."

Nach nur zwei Wochen im weltweit einzigen Lager für Flüchtlinge aus Jemen ist Oula bereits desillusioniert. Sie ist stark abgemagert, nachdem sie wochenlang kaum etwas gegessen hat, und war bestürzt darüber, dass es hier nur wenig geregelte Unterstützung und Hilfe gibt und sie bis jetzt nicht in der Lage war, Abir für eine Schule anzumelden. Wenn man sie ihren Hilfeschrei in den Sand schreiben sieht, wird überdeutlich, dass Oula, wie so viele Insassen von Markazi, dringend Hilfe benötigt. „Ich kann nicht alles aus meinem Gedächtnis löschen. Ich habe versucht, um meiner Tochter willen, das Vergangene zu vergessen, aber ich kann es nicht. Mein Kopf ist voll von schlechten Erinnerungen. All diese Bombenangriffe, all diese Toten. Ich hasse all das und will nie mehr nach Jemen zurück."

Vom Elend ins Elend

Eine halbstündige Busfahrt vom Zentrum von Dschibuti-Stadt entfernt liegt der Vorort Ambouli. Am Rand der Stadt haben seit einiger Zeit die langjährigen Flüchtlinge aus dem Horn Afrikas – haupsächlich Somalis, Äthiopier und Eritreer – angefangen, ihre Siedlung aus Behelfsunterkünften mit einer zunehmenden Zahl von jemenitischen Familien zu teilen. Im Gewirr dieser Gänge von Ambouli führen unverschlossene Türen zu Innenhöfen, umgeben von lauten und überfüllten Räumen, jeder von ihnen das Heim einer Familie. In einem der teuersten Länder der Welt schmachten kürzlich eingetroffene Flüchtlinge oder diejenigen, die das Leben im Lager nicht mehr ertragen, in winzigen Räumen.

Wie ihre geflüchteten Landsleute in Somalia sind die jemenitischen Flüchtlinge in Dschibutis einziger Großstadt extrem gefährdet und ungeschützt. Mehr als 40 Prozent der Haushalte werden von Frauen angeführt, eine weit höhere Zahl als in vergleichbaren Krisengebieten. Manche von ihnen sind verwitwet, manche von ihren Ehemännern getrennt, weil sie sich etwa um kranke Verwandte oder Kinder kümmern müssen, die in Jemen keine medizinische Hilfe mehr erhalten, manche auch vor ihren Ehemännern geflohen, die sie sonst gezwungen hätten, zu bleiben und den Krieg auszusitzen.

Hinter einem mit zierlichen Vögeln verzierten, ehemals weißen gehäkelten Vorhang schläft der 15-jährige Anwar, reglos auf dem Bauch auf einer dünnen Matratze liegend. Um ihren Sohn nicht zu wecken, sucht Hyat nach ihrem Telefon, das andauernd wegen eingehender SMS piepst. In jeder Ecke des schrankähnlichen Quartiers stehen Kartons mit den klei-

Lesen Sie bitte weiter auf Seite 46

Oben Der Omnibusbahnhof an der Place Rimbaud in Dschibuti-Stadt ist eine wichtige Anlaufstelle für Flüchtlinge. Hier kommen sie an, und von hier verteilen sie sich in die Slums.
Darunter Die Jemenitin Asmhan schirmt ihr Gesicht gegen das Licht ab. Sie lebt mit ihrer Schwester Ayman (rechts im Bild) in Hargeisa, Somaliland. Ein Drittel der jemenitischen Flüchtlinge sind allein reisende Frauen mit Kindern

Oben Der 61-jährige jemenitische Flüchtling Mohammed Abu Baker sitzt mit einem Rollstuhl in einem Haus in Hargeisa, Somaliland. „Wir haben in Jemen nur den Tod gesehen. Unsere Freunde starben neben uns auf der Straße. Ich wollte meine Familie retten. Wir liefen einfach weg."
Darunter Zwei Flüchtlinge durchstreifen Obock auf der Suche nach Arbeit

nen wichtigen Dingen des Alltags wie Seife und Tassen, auf allen prangen die gekreuzten Schwerter des Wappens von Saudi-Arabien, eine Scheinheiligkeit, die Hyat nicht entgeht. „Sie töten uns mit ihren Bomben, und mit der anderen Hand reichen sie uns Nahrung." Nachdem sie eine Maus verjagt hat, setzt sie sich endlich und fächelt sich mit einem Stapel fotokopierter Papiere Kühlung zu.

Hyat wurde im Jahr 2015 zur Kriegswitwe und musste das angenehme Leben als Gattin eines Majors in einem herrschaftlichen Haus mit sechs Schlafzimmern mit einem zwei Quadratmeter großen Zimmer vertauschen. „An dem Tag, als mein Ehemann getötet wurde, habe ich meinen Sohn an die Hand genommen und bin weggelaufen." In einer zutiefst patriarchalen Gesellschaft, in der verwaiste Kinder sofort in die Obhut der väterlichen Familie gegeben werden, war dies eine verzweifelte, doch sehr bewusste Entscheidung. „In Jemen verlieren die Frauen alles zweimal. Wir trauern, wenn unsere Ehemänner sterben, und dann trauern wir ein weiteres Mal, wenn sie uns unsere Kinder wegnehmen."

Tief im Inneren des Quartier Quatre von Dschibuti, eines dicht besiedelten Slums, bewohnt von ins Abseits gedrängten Migranten und Flüchtlingen aus der Region, scheint das leuchtend gelbe zweistöckige Haus in der schlammigen Straße einzusinken. In einem der oberen Räume steigt Sami über seine Seite an Seite liegenden äthiopischen Zimmergenossen hinweg. Wie Hunderte Kinder, die auf dem nackten Boden in den Moscheen und Slums von Dschibuti schlafen, bevor sie sich auf die irrationale Überfahrt nach Jemen begeben, ist Sami nicht zum ersten Mal hier. Vor Jahren von Dschibuti aus selbst einmal übers Meer in ein vermeintlich besseres Leben aufgebrochen, ist er nun wieder am Startpunkt angelangt, ohne zu wissen, wohin es weitergeht. Seit er seine äthiopische Heimat Dire Dawa mit 13 Jahren nach dem Tod seiner Mutter verlassen hat, hat sich sein Leben als illegaler Flüchtling immer weiter fortgesetzt, und ein Ende ist nicht in Sicht.

Folter und Misshandlung

Sami wusch Autos, putzte Schuhe, ernährte sich aus dem Müll und brauchte fünf Jahre, um die umgerechnet 100 Euro für seinen Delal zusammenzusparen. Er folgte dem gleichen Weg, der seine Freunde aus der Kindheit nach Jemen gebracht hatte, und begab sich auf die Reise, in deren Verlauf er die schlimmsten gewalttätigen Ereignisse durchmachen musste, weil sie mit dem Ausbruch des Krieges zusammenfielen.

„Ich bestieg mit 70 anderen in der Nähe von Obock ein Boot. Als wir den Strand erreichten, wurden wir ins Wasser geschubst, und dort wartete eine Gruppe von zehn Männern mit Kalaschnikows auf uns. Es war das erste Mal in meinem Leben, dass ich wirklich Angst hatte." Ohne zu wissen, wo er sich befand, wurde Sami auf einem Lastwagen in ein abgelegenes Dorf verschleppt, wo er sich mit 400 anderen Tahrib als Gefangener in einem Lager wiederfand. Die Schläge begannen unmittelbar nach ihrem Eintreffen. Er befand sich nunmehr in der Gewalt einer berüchtigten Kidnappermafia.

„Im Lager wollen sie dich nicht töten, aber die Gangs dort sind sehr gewalttätig. Sie nehmen dieselbe Droge, die auch die Kämpfer nehmen, Dama genannt. Sie verschließt dein Herz. Sie schlagen dich mit Steinen, sie versengen dich mit Zigaretten und schneiden dir die Handflächen mit Messern auf. Für die Frauen ist es noch schlimmer. Wenn sie gut aussehen oder jung sind, werden sie vergewaltigt. Es sind 30 oder 40 Männer, die das jeden Tag tun." Nachdem sie Sami im Lauf einer besonders grausamen Strafaktion brutal mit einem Messer verletzten, hielten sie ihn schließlich für tot und ließen ihn am Straßenrand zurück.

Nur die Barmherzigkeit von Fremden rettete Sami, und schließlich gelangte er nach Sanaa, der Hauptstadt Jemens. Nachdem er als Flüchtling registriert war, fand er Arbeit als Gelegenheitsarbeiter und konnte zur Ruhe kommen. Doch dann begannen die Luftangriffe. „Ich zog zu Fuß los und konnte sofort die Auswirkungen des Krieges sehen: Bombenkrater, einschlagende Raketen und immer mehr Soldaten überall."

Mit fünf Freunden machte er sich auf den Weg nach Norden, in der Hoffnung, Zuflucht und Arbeit in Saudi-Arabien zu finden. Sie wurden jedoch schon bald von Huthi-Kämpfern aufgegriffen und gezwungen, an den bewaffneten Auseinandersetzungen teilzunehmen, denen sie entfliehen wollten. „Sie befahlen uns, mit ihnen zu kommen, sonst würden sie uns töten. Wir hatten natürlich Angst, aber als wir sie baten, uns zu verschonen, schossen sie meinem Freund Araso direkt ins Gesicht. Danach sind wir mitgegangen. Zuerst befahlen uns die Huthi-Kämpfer, Munition in die Berge zu schleppen, wo sie eine Flugabwehrstellung hatten. Das taten wir dann zwei Monate lang. Wir haben Waffen und Lebensmittel für sie getragen, und erst als die Fliegerangriffe begannen, bekamen wir die Gelegenheit zu fliehen."

Bei Sami und seinen zahlreichen Schicksalsgenossen, deren Körper sichtbare Spuren von Folter und Misshandlung aufweisen, verlaufen die Narben viel tiefer. In tiefe Depression versunken, muss er jeden Tag mitansehen, wie die vielen Jungen seinem Beispiel folgen und in ihr Verderben laufen. „Die Jungs, die aus den Bauerndörfern in Äthiopien kommen, denken einfach nicht nach. Selbst wenn man ihnen von dem Krieg erzählt, verschließen sie ihre Ohren. Wenn man so leichtfertig über seine Zukunft entscheidet, dann wird einem ganz bestimmt Schlimmes widerfahren."

Im Lager Markazi gesellt sich Thabit zu seinen Freunden. Sie hocken zusammen und plaudern. Die ehemaligen Studenten, allesamt Anfang zwanzig, sprechen von ihrer Vergangenheit, ihrer Schulzeit in Jemen, aber auch von ihrer Zukunft. Nach mehr als drei Jahren, die sie jetzt schon im Lager zubringen, wollen sie weg. „Als junger Mann vergeude ich hier meine Zeit", sagt Thabit. „Ich will irgendwann in besseren Umständen leben. Hier im Lager gibt es nur Versprechen. Wir waren geduldig, so lange wir konnten. Doch

Lesen Sie bitte weiter auf Seite 51

Oben Erschöpft lehnt die 21-jährige Fathima an einem Baum, Sammelpunkt auf ihrer Reise. Mit einer Gruppe von Oromo ist sie aus Äthiopien nach Obock gelangt, wo sie auf ihre Schlepper warten.
Darunter Der jemenitische Flüchtling Mohamed Al Abid hat auf seinem Zelt im Flüchtlingslager Markazi die Bombenangriffe in Taizz gezeichnet, vor denen er mit seiner schwangeren Frau geflohen ist

Oben Die elfjährige Hajer ist mit ihrer Familie aus Mokka, Jemen, geflohen. Seit einem Jahr leben sie zu acht in einem Raum in einem Slum von Dschibuti-Stadt. Dennoch sei das Leben hier besser, sagt Mutter Arwa.
Darunter Häufig müssen die Flüchtlinge so überstürzt in die Boote steigen, dass sie nicht einmal mehr ihre Schuhe anziehen können, die sie zur Rast an einem Strand im Norden Dschibutis ausgezogen haben

Oben Im Morgengrauen sucht eine Gruppe von Afar-Stammesangehörigen einen Strand in Dschibuti nach versteckten Migranten ab, die es in der Nacht nicht in die Boote geschafft haben. Verzweifelt kauert sich ein Flüchtling in ein Erdloch, der wie 40 andere, darunter sieben unbegleitete Kinder, am Strand zurückgeblieben ist. *Darunter* Für die drei Tahrib bricht die vierte Nacht an, die sie auf ihre Abfahrt warten

Oben Khadra reist im Bus von Berbera nach Hargeisa. Mit einer Gruppe jemenitischer Frauen ist sie vor drei Tagen in Somaliland angekommen.
Darunter Maki (links) ist einer der Tausenden Oromo, die in Dschibuti-Stadt leben, um sich dort das Geld für die Weiterreise nach Jemen zusammenzusparen

wir fühlen uns hier wie Geiseln. Die Langeweile gibt mir das Gefühl, jeden Tag zu sterben."

Vor Kurzem sind zehn junge Männer aus dem Flüchtlingslager aufgebrochen, um über Italien, Griechenland, Libyen und den Mittleren Osten in weiter Ferne Asyl zu suchen. Thabit und seine Freunde halten mit ihnen allen Kontakt, sie erhalten Tipps und versuchen, die Gefahren eines solchen Unternehmens abzuwägen. Ihre Unterhaltung wird bedrückter, als sie auf das Meer hinausschauen, von längeren Schweigepausen unterbrochen. Da er keine Hoffnung hat, in absehbarer Zeit nach Jemen zurückzukehren, und nachdem die humanitären Bedingungen in Dschibuti zu wünschen übrig lassen, hat sich Thabit entschieden. Für ihn ist es Zeit zu gehen. „Es ist, als ob man dem Tod ins Auge sieht, um das Leben zu finden."

In einigen Monaten wird er das Lager Markazi verlassen, für immer. Für ein paar Stunden kehrt er ihm jetzt schon den Rücken. Mit seiner somalischen Mutter, die einst nach Jemen geflohen ist und dort geheiratet hat, fährt er in einer Autorikscha das letzte Stück Schnellstraße bis zur Hauptstraße von Obock, was genau der Strecke entspricht, die die Flüchtlinge sich vom Lager entfernen dürfen. Nicht weit von Obock legen die Boote ab, die die Migranten nach Jemen bringen.

Zurück bleiben Schuhe

Thabit schüttelt missbilligend den Kopf, als er mit dem Blick die Gruppen von Tahrib verfolgt, die sie nach und nach überholen. „Ich bin mir sicher, dass die meisten Oromo, die nach Jemen gelangen, sterben werden. Viele werden zum Kämpfen gezwungen, andere werden gekidnappt. Die Schleuser verlangen zuerst Geld und drücken ihnen dann die Augäpfel mit Flaschen aus oder hacken ihnen die Hände ab. Viele werden verkauft oder geschmuggelt. Wenn ich könnte, würde ich ihnen sagen: ‚Ich bin gerade dem Tod entronnen. Warum wollt ihr dorthin, woher ich komme?' Entweder sind sie vollkommen leichtsinnig, oder irgendjemand hat ihnen die Anweisung gegeben, das zu tun."

Selbst wenn Thabit sich mit den zahlreichen Migranten, die er täglich zu Gesicht bekommt, unterhalten würde, ist es unwahrscheinlich, dass einer von ihnen innehalten und auf seine Warnungen hören würde. Weder das Blutvergießen noch das Risiko, von Gangs oder Milizen entführt oder von den zwielichtigen Delals betrogen zu werden, vermag sie abzuschrecken. Der Konflikt wird als Chance angesehen, Geld zu verdienen. Die Schleuser nutzen das Zusammenbrechen von Recht und Ordnung in Jemen aus, und so gab es hier im vergangenen Jahr mehr irreguläre Überfahrten als auf allen Routen über das Mittelmeer zusammengenommen.

Von der Moschee am Hafen her verebbt der Ruf zum Nachmittagsgebet, allmählich werden die Schatten länger, und das Leben kehrt in die Stadt Obock zurück. An der staubigen Hauptstraße reihen sich die einstöckigen Gebäude aneinander, von deren Fassaden die leuchtenden Farben abblättern. Frauen stellen ihre hölzernen Verkaufsstände auf, behängen sie mit Stoffbahnen, während sie ihre Kinder bei den Hausaufgaben überwachen, andere dämpfen Bündel von Khat, dem beliebten Rauschmittel, oder schenken ihren auf niedrigen Hockern sitzenden Kunden starken, dunklen Tee ein. Auch ein Delal hockt dort, bläst Rauchkringel in die Luft und beobachtet die Bewegungen der neu eingetroffenen Migranten, wartet auf seine Gelegenheit.

Als billige Arbeitskräfte für die Wirtschaft der Stadt werden die Tahrib geduldet, an die 300 kommen täglich nach Obock auf der Suche nach Nahrung und Verdienstmöglichkeiten für die geplante Überfahrt. Manche durchstreifen bis zu zwei Wochen lang die Straßen, werden zu bekannten Gesichtern unter den gerade 20 000 Einwohnern. Sie putzen Fußböden, tragen Frachtgut vom Hafen oder werden beauftragt, die stinkenden verdorbenen Fischreste aus Kühlboxen zu entfernen. Die tüchtigsten jungen Männer stellen die billigste Arbeitskraft dar. Jede Arbeit, wie entwürdigend auch immer, ist gut genug, um dem Wunschziel Jemen näher zu kommen. Ohne genügend Geld gerieten die Migranten in Gefahr, den schlimmsten Ausbeutern und Menschenhändlern in die Hände zu fallen.

Wenn die Nacht anbricht und der Muezzin zum letzten Mal zum Gebet gerufen hat, werden die meisten Tahrib sich bereits in ihre verstohlenen dunklen Ecken verkrochen haben. Mitten in den Wohngebieten, hinter Felsen oder unter dem Bug angeleinter Fischerboote suchen sie ihre Schlafplätze auf, dort, wo schon Tausende vor ihnen geschlafen haben.

Dagegen sagen diejenigen, die ihren Delal bezahlt oder sich mit ihrem Leben verschuldet haben, der Stadt Lebewohl und hasten davon. Während die letzten Autorikschas auf der Schnellstraße zum Lager zurückfahren, machen sie sich auf den Weg ins Ungewisse, auf Pfaden, die nicht länger gekennzeichnet sind, und erreichen nach wenigen Kilometern den letzten Sammelpunkt für die Überfahrt.

Unterhalb eines steilen Abhangs aus roten Felsen hockt dicht gedrängt eine Ansammlung müder Menschen. Sie sitzen auf der Erde inmitten einer Landschaft aus Schirmakazien und Geröll, übersät von Abertausenden Plastikflaschen. Von Holzfeuern erleuchtet, sammeln sich Migranten um Behelfszelte aus Stöcken und Säcken.

Ein Delal sitzt bequem im Schein seiner Stirnlampe, pickt sich die besten Blätter aus seinen Bündeln Khat heraus, und überprüft die letzten Listen mit Namen und Zahlen in seinem Notizbuch. In seiner Nähe hockt in ergebenem Schweigen eine Gruppe ausgewählter junger äthiopischer Frauen, in farbenfrohe Tücher gehüllt. Sie werden zu diesem Zeitpunkt der Reise von ihren Begleitern getrennt, da sie einen größeren Wert als ihre männlichen Schicksalsgenossen darstellen und dazu bestimmt sind, in die Sklaverei verkauft zu werden. Alles wartet jetzt nur noch darauf, dass das Telefon des Delals klingelt und ihm gemeldet wird, dass die Lastwagen bereitstehen. Dann wird der Gruppe das Zeichen gegeben, die Anhöhe über den steilen Klippen zu erklimmen. ➢

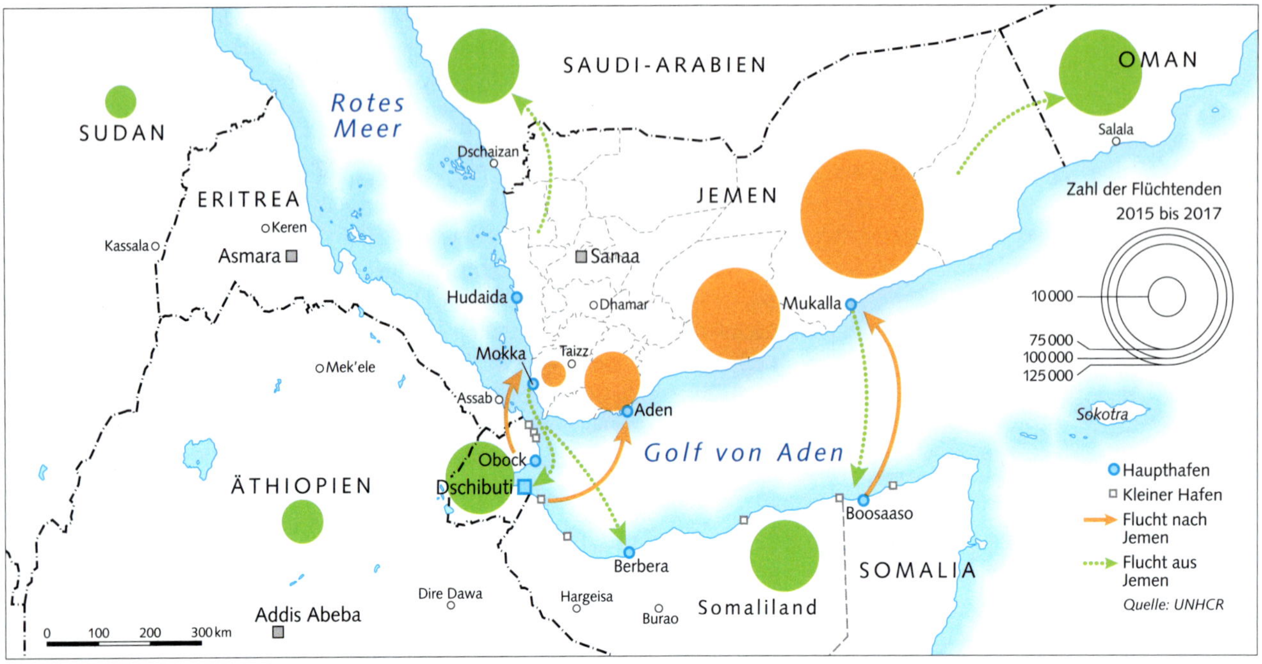

Nach Jemen fliehen überwiegend Äthiopier, die dem Hunger entkommen und in den Golfstaaten arbeiten wollen. Nach Afrika fliehen Heimkehrer oder Jemeniten, die der Krieg übers Meer treibt

In der stockfinsteren Nacht rast der Lkw der Schleuser mit halsbrecherischer Geschwindigkeit durch die Wüste. Von den Scheinwerfern angestrahlt, verdecken die Staubwolken den funkelnden Sternenhimmel, der sich in alle Richtungen bis zum Horizont wölbt.

20 Kilometer hinter Obock schaltet der Fahrer vorsorglich das Licht aus. Die illegale Operation könnte von der Küstenwache in der nahe gelegenen Station beobachtet werden. Er drückt das Gaspedal durch, beschleunigt bei den weicheren Pistenabschnitten, sodass das Fahrzeug hin- und hergeschleudert wird und die Frauen und Männer im Laderaum zusehen müssen, wie sie sich festhalten können. In der Ferne tauchen zwei weitere Lastwagen mit menschlicher Ladung auf, sie zeichnen sich am Horizont der Hügelkette ab.

Als der Laster schließlich abrupt zum Stehen kommt, sind die 45 Insassen desorientiert. Benommen und durchgerüttelt von der Fahrt, hocken sie im Dunkel des geschlossenen Frachtraums. Die Türen werden aufgerissen. Der Delal wirkt nervös und schreit auf Französisch: *„Courir! Cacher!"* Rennen! Verstecken! Sie springen von der Rampe und bemühen sich, so schnell wie möglich in gebückter Haltung an den breiten, zähflüssigen Schlammpfützen vorbeizuhasten, die den Mangrovenhain von Godoria durchziehen.

Gegen den Wind, der ihnen vom dunklen Meer aus direkt entgegenbläst, rennt die Gruppe wie Lemminge immer weiter geradeaus, auf Jemen zu, vorbei an den geborstenen Wracks von Schleuserbooten, die wie die Gerippe gestrandeter Wale wirken. Im Januar sind zwei Schleuserboote an dieser Stelle in der Nähe von Godoria in den Wellen gekentert. Es gab 55 Tote und mehr als 100 Vermisste.

Plötzlich wird ihnen befohlen, sich in der Nähe einer kleinen Bucht hinzuhocken. Nur diejenigen, die die Überfahrt zum zweiten oder dritten Mal durchmachen, haben das Meer jemals zuvor gesehen. Der Bug eines langen, schmalen Bootes wird an den Strand gezogen. Im Sternenlicht folgt ein aufgeregtes, doch schweigsames Waten und Klettern, und innerhalb von Minuten ist das Boot mit seiner jemenitischen Mannschaft wieder entschwunden. Nur noch das Rauschen der sich brechenden Wellen ist zu hören. Zurück bleiben die Fußspuren im Sand und eine Ansammlung von ungeöffneten Plastikwasserflaschen, in der Eile zusammen mit zahlreichen schönen neuen Schuhen am Strand zurückgelassen. Kaum getragen, waren sie für das neue Leben auf der anderen Seite des Meeres vorgesehen, das nunmehr im Morgengrauen auf bloßen Füßen beginnen wird.

Aus dem Englischen von Andreas Gressmann

Alixandra Fazzina, Jahrgang 1974, ist Fotografin in London und wird vertreten durch Noor Images. Mit ihren Reportagen dokumentiert sie das Leben in Krisenregionen, die von der Öffentlichkeit weitgehend unbeachtet bleiben, und sensibilisiert so die Allgemeinheit für jene, die aufgrund von Konflikten, Gewalt und Elend aus ihrer Heimat fliehen müssen. Für ihre beeindruckende Berichterstattung über die verheerenden menschlichen Folgen des Krieges und für ihr furchtloses Engagement ist sie mit dem Nansen Refugee Award des UNHCR ausgezeichnet worden. Bereits vor zehn Jahren berichtete sie in mare No. 73 über die Katastrophe am Horn von Afrika. Oft unter Lebensgefahr fotografierte sie damals ein Jahr lang das Leben somalischer Flüchtlinge, die zu Zehntausenden über den Golf von Aden nach Jemen übersetzen. Sie veröffentlichte auch ein Buch darüber: „A Million Shillings: Escape from Somalia".

40 JAHRE taz
Social Media
seit 1979
taz
Unabhängiger Journalismus

Nicht Welle, sondern Chance

Die Migration nach Europa ist unsere Zukunft. Doch Begriffe wie „Flüchtlingswelle" oder „Asylforderer" machen Angst. Wie können wir über den Bevölkerungswandel sprechen, damit er als Chance begriffen wird? Denn das Meer sollte Hoffnung machen – an allen Ufern

Ein Leitartikel von Nikolaus Gelpke

Seit je verlassen Menschen ihre Länder, wagen sich mit Booten über das Meer und erhoffen sich die Aufnahme in einer besseren Welt. Sie flüchten vor Kriegen, politischen oder religiösen Repressalien wie auch vor Hungersnöten und Verelendung aufgrund klimatischer Katastrophen.

Seit über einem halben Jahrhundert verschlechtern sich die Lebensbedingungen in vielen Ländern Afrikas, zunehmend auch im Nahen und Mittleren Osten. Der Klimawandel ist ein nicht umkehrbarer und auch ein absehbar nicht endender Prozess, der maßgeblich zu dieser Migration beiträgt. Die daraus folgenden wirtschaftlichen und gesellschaftlichen Notsituationen sind neben anhaltenden Kriegen – oft um Rohstoffe wie Öl oder Erze für Industrienationen – die bleibenden und sich verschärfenden wichtigsten Gründe für die aktuelle Flucht der Menschen über das Mittelmeer zu uns und bleibt dies mindestens auch für einige weitere Jahrzehnte.

Der Journalist Stephen Smith, der Afrikanistik an der Duke University in North Carolina, USA, lehrt, veröffentlichte 2018 ein aufsehenerregendes Buch, aus dem Emmanuel Macron zitiert, wenn er über die Zukunft Europas spricht. Es heißt „Nach Europa! Das junge Afrika auf dem Weg zum alten Kontinent". Darin äußert Smith folgende provokante These: „In etwa dreißig Jahren wird ein Fünftel bis ein Viertel der Bevölkerung Europas afrikanischer Herkunft sein." Demnach wären dies 150 Millionen bis 200 Millionen immigrierte Menschen, heute sind es neun Millionen.

> „Die Zahl der Klimaflüchtlinge wird unsere moralischen und ethischen Überzeugungen auf den Prüfstand stellen."
>
> *Robert Habeck*

Selbst wenn das Szenario nur zum Teil eintritt, müssen wir zu dieser grundsätzlichen Entwicklung eine Haltung einnehmen. Wie der Vorsitzende der Grünen, Robert Habeck, bei der Pressekonferenz zur Vorstellung der Wissenschaftspublikation „World Ocean Review 5" über die Wahrscheinlichkeit einer steigenden Immigration von Klimaflüchtlingen in Europa anmerkte, würden unsere moralischen und ethischen Überzeugungen dabei auf den Prüfstand gestellt, da damit eine tiefgreifende Veränderung unserer bisherigen europäischen Gesellschaft einhergehe. Schon die jetzige, relativ geringe Anzahl von Flüchtlingen zeigt, dass wir ohne eine Haltung dazu und dem Bewusstsein für die Veränderungen in Europa uns der Gefahr aussetzen, dass wir den populistischen Kräften deren Sprache und ihnen somit das Handeln überlassen.

Sprachgebrauch, letztlich der Sprachmissbrauch ist ein frühes Indiz, wenn gesellschaftliche Veränderungen zu anderen Wahrnehmungen und somit auch anderen Handlungen führen. Der Romanist und Literaturwissenschaftler Victor Klemperer schuf eine profunde Bestandsaufnahme der Sprache im Nationalsozialismus. Er vertritt darin die These, dass weniger einzelne Wörter oder Reden den größten Eindruck in der Bevölkerung hinterließen, sondern die stereotypen Wiederholungen. Interessant dabei ist auch, wie Klemperer zeigte, dass der Sprachgebrauch der Nationalsozialisten vor allem darauf zielte, solche zu erreichen, die noch nicht Parteimitglieder waren. Eine Suggestion mit unfassbarer Wirkung. Die Penetranz der Redundanz als erfolgreiches sprachliches Machtmittel zeigt sich auch gegenwärtig, wenn immer öfter von „Asylforderern" oder „Asyltourismus" gesprochen wird. Oder wenn der US-Präsident mittels Twitter, an seiner Partei und seinen Beraterstäben vorbei, direkt kommuniziert und so Millionen beeinflusst. Die Penetranz der sozialen Medien ist dabei ein unheilvolles und in seinem Beeinflussungspotenzial noch unterschätztes Kommunikationsmittel. Der Sprachmissbrauch ist wieder im Aufwind, seine darauf fußende Suggestion erreicht immer mehr Menschen.

Allein der Begriff „Flüchtling" macht die Veränderung einer Wahrnehmung deutlich. Etwa 50 Millionen Amerikaner können sich auf deutsche Wurzeln beziehen, also auf Auswanderer, die vor allem im 19. Jahrhundert das Deutsche Reich oder den Deutschen Bund verließen. Auswanderer? Es waren Wirtschaftsflüchtlinge, die während der Gründerkrise ab etwa 1880 vor der Arbeitslosigkeit flohen, aber auch politische Flüchtlinge, die nach dem Scheitern der Revolution von 1848 in Massen in die USA und nach Australien emigrierten. „Forty-Eighters" wurden die Revolutionsflüchtlinge dort genannt. In diesem Zusammenhang ist der Begriff „Flüchtling" noch absolut positiv konnotiert, der Begriff „Auswanderer" erst recht.

Der Begriff „Flüchtling" wird zurzeit immer negativer, mithin als Bedrohung wahrgenommen. Durch Begriffe und Formulierungen wie „Flüchtlingswelle", „Flut von Flüchtlingen", „Flüchtlingskriminalität" etc., inzwischen selbst in öffentlichrechtlichen Medienbeiträgen, bekommt das Wort etwas Beängstigendes, Negatives. Was für ein Bedeutungswandel des Fluchtbegriffs!

Ob Auswanderer oder Flüchtlinge, fast immer führte und führt der Weg über das Meer. Niemand bezweifelt, wie wichtig die 30 Kilometer zwischen Calais und Dover für unzählige Juden waren. Der schmale Kanal bedeutete Rettung, und die Häfen Lissabons oder Marseilles waren letzte Hoffnungsorte. Von 1918 bis 1945 verloren 50 bis 60 Millionen Europäer ihre Heimat, fast zehn Prozent der Bevölkerung des Kontinents, die meisten flohen über das Meer.

Atlantik und Ärmelkanal als Symbole für Rettung, Hoffnung, Zukunft und Glück. Das kann man zurzeit über das Mittelmeer leider kaum mehr behaupten. Es ist zum Symbol für Flüchtlinge geworden und wird somit auch schon negativ wahrgenommen. Höchstens als ein gewisser Schutz vor noch mehr Flüchtenden taugt es für Menschen, die ihr traditionelles Europa gefährdet sehen. Das Meer und die Auswanderer, beide sind auf dem besten Weg, als Hoffnungsträger ausgedient zu haben. Genauso, wie die Gründe der Flucht vergessen werden. Menschen werden immer weniger als Opfer lebensfeindlicher Umstände wahrgenommen, die oft tödliche Flucht hingegen immer öfter als gewöhnliche Reise. Auch da findet ein verheerender Wandel in der Wahrnehmung des Meeres und der Menschen statt, die ihr Leben wagen (und viel zu oft dabei verlieren), um noch größeren Gefahren in ihrer Heimat zu entkommen.

Die zynische Entwicklung dabei in Europa ist, dass Menschen, die Flüchtlinge vor dem sicheren Ertrinken retten, inzwischen nicht nur daran gehindert, sondern sogar gerichtlich verfolgt werden. Europäische Länder klagen Retter an, die die wichtigste seemännische Pflicht erfüllen, das Retten von in Seenot Geratenen. Diese Pflicht ist auch rechtlich durch mehrere internationale Abkommen gesichert, wird aber inzwischen von einigen europäischen Küstenländern wie Italien oder Griechenland mittels hanebüchener Gesetzesänderungen geahndet. Europa lässt Menschen absichtlich und wissentlich ertrinken.

Wenn nicht nur das Auswandern im vorletzten Jahrhundert und das Glück der Flucht über das Meer vor 70 Jahren inzwischen sprachlich und in seiner Bedeutung missbraucht und vergessen (und auch verhöhnt?) wird, sondern wenn vor allem jetzt selbst das tausendfache elende Ertrinken, das fürchterliche Sterben der Menschen auf dem Meer von einer wachsenden Anzahl von Bürgern Europas hingenommen wird und die Ursachen der Flucht verharmlost werden (wie kann man Krieg verharmlosen?), dann kann man sich ausmalen, was diese erst fordern, wenn sich die Prognosen Stephen Smith' auch nur teilweise erfüllen.

Was können wir tun? Flüchtlinge nicht aus Seenot zu retten, in dem Glauben, das schrecke Menschen vor einer Überfahrt ab – das ist nicht nur zynisch und böse. Immigration verhindern durch unterlassene Hilfeleistung ist auch schlicht kaum möglich. (Das Beispiel Australiens zeigt jedoch, dass diese Form der Abschreckung mindestens bei einem Kontinent funktioniert, der nicht den millionenfachen Andrang von Menschen erfährt, sondern eine geringere Anzahl an Flüchtenden mit der hohen Wahrscheinlichkeit des Sterbens vor der Überfahrt inzwischen abschreckt.) Die Not der Flüchtenden und deren Anzahl auf dem Mittelmeer sind zu groß.

Richtig ist, dass wir die Umstände in den Herkunftsländern verbessern müssen. Das bedeutet aber ein grundsätzliches Umschwenken unserer eurozentrischen und US-zentrischen Sichtweise und Lebensart im realen Kapitalismus. Dass sich dieser inzwischen auch in Russland und China in besonders ausgeprägter Form durchgesetzt hat und darunter insbesondere der afrikanische Kontinent leidet, indem er weiterhin gnadenlos ausgebeutet wird, ist eine zynische Entwicklung. Denn die Ausbeutung von Natur und Menschen in südlichen Ländern ist eine seiner Grundlagen und eine der Hauptursachen für die anhaltenden Kriege in Afrika. (Südsudan zum Beispiel produziert unser Öl und Gas und erhält von uns auch noch die Waffen, um den Verteilungskampf darüber zu führen – ein doppelter Gewinn für die Industrieländer.) Vor allem muss aber die Klimaveränderung, die zur Versteppung und Wasserarmut in vielen Teilen Afrikas führt, gestoppt werden. Schon allein diese beiden Forderungen scheinen in Anbetracht unseres dem Kapital folgenden Nordens nicht in absehbarer Zeit umsetzbar. Trotzdem muss der Prozess geführt werden.

Was wir aber sofort machen können und müssen, ist, uns zu ändern. Wir müssen wieder die Empathie über die Angst – oder gar den Hass – Oberhand gewinnen lassen. Das einzelne Schicksal von Menschen in Not, auch in Seenot, muss anstelle der negativen Symbolik von „Welle“ und „Flut“ treten. Ohne Empathie geht es nicht.

Wenn Francis Bacon in seiner Schrift „Nova Atlantis“ noch eine utopische Insel beschrieb, die sich gegen die ganze Welt abschirmt und möglichst keine Fremden ins Land lässt, damit die Ordnung nicht gestört werde, entspricht das dem falschen Weg. Hoffnungen machen da eher Philosophen wie Herder, der die Mischung der verschiedenen ethnischen und kulturellen Einflüsse als Grundlage für Europa erkannte – eine vielgestaltige Einheit. Sie war für Herder auch die Basis für die Idee der Humanität, die eine Verbindung von Divergenz und friedlichem Zusammenleben verlangt.

Und Hegel erklärt, dass die nationale Einheit der Griechen erst durch die Überwindung der Fremdartigkeit in sich selbst die Ursache war. Er begründet das mit deren Kontakt zu fremden Völkern über das Meer. Nur die Überwindung führt zum bewussten, selbstständigen Geist. Das verbindende Meer als Einladung für ein besseres Leben!

Die Zeit des abgeschirmten weißen Europas ist vorbei. Städte wie London oder Paris mit ihren seit Jahrzehnten sich entwickelnden ethnischen Gruppen zeigen, wo die Gefahren darin sind, aber auch die Chancen. Das Meer wieder als Hoffnung, als Chance wahrzunehmen für ein neues, vielfältigeres Leben aufgrund der Verbindung zu anderen Kulturen und anderen Ideen ist kein einfacher und kurzer Weg, aber der einzig sinnvolle.

Auch der kleine Daoud lernt im Hallenbad Sandkamp schwimmen. Der Beckenboden ist verstellbar, um die Kinder schrittweise an Tiefe zu gewöhnen

Das Meer im Kopf

TEXT: DIMITRI LADISCHENSKY

FOTOS: DIANA MARKOSIAN

Seit ihrer gefährlichen Fahrt übers Mittelmeer haben viele Flüchtlinge Angst vor dem Wasser. Drei irakische Mädchen versuchen ihr Meerestrauma hinter sich zu bringen. Sie lernen schwimmen in Wolfsburg, im Hallenbad Sandkamp

Sich ans Wasser gewöhnen

Die Träumerin. Hanan Saeed Abdo kann sich vorstellen, einmal im Meer zu schwimmen

ALS HANAN VOR VIER JAHREN ZUM ERSTEN MAL das Meer sah, dachte sie, sie stirbt gleich. Das Meer war so groß, so endlos, so viele Wellen, um sie herum nichts als Wasser, sie hatte nie zuvor das Meer gesehen, nie einen Fuß ins Wasser gesetzt. Im Schlauchboot war es eng, sie konnte sich nicht rühren, überall Menschen, Hände, Arme, Beine, Füße. Hanan schloss die Augen, die ganze Fahrt über hielt sie ihren Kopf starr auf den Boden gerichtet, nur einmal hob sie ihn kurz, und als sie nur Blau sah, blickte sie schnell wieder auf den Boden.

Als kleines Kind hat sie immer die Augen zugemacht, damit das, wovor sie sich fürchtete, verschwand, und so sah sie nicht, wie nach einiger Zeit die Umrisse von Häusern hinter Wellenbergen auftauchten, wieder versanken und wieder auftauchten, höher und höher sich über den Horizont erhoben, bis nur noch Land vor ihnen lag, Land! Griechenland.

Hanan konnte nicht schwimmen und dachte auch nie daran, es lernen zu wollen, bis Günter Schütte von der Flüchtlingshilfe Wolfsburg sie im Flüchtlingsheim am Mittellandkanal ansprach.

So erfuhr er, dass Hanan und ihre Familie Jesiden sind und im kurdischen Teil Iraks lebten. Dass der IS Jagd auf Jesiden machte, in ihre Dörfer einfiel, die Männer tötete, die Frauen vergewaltigte und versklavte und die Kinder verkaufte. Dass Hanan und ihre Mutter, drei kleine Schwestern, ein Bruder und eine Großmutter mit dem Boot nach Griechenland und dann weiter nach Deutschland geflohen waren. Dass dort, wo sie herkommen, dem Sindschargebirge, dem trockenen Teil Kurdistans im Norden Iraks, man überhaupt wenig Wasser kennt. Und deshalb ist er mit Hanan und zwei Schwestern an den Tankumsee bei Gifhorn gefahren. Doch die Mädchen bekamen große Angst, als sie das Wasser sahen, sie wollten nicht einmal die Füße ins Wasser halten. „Wollt ihr nicht schwimmen lernen?", fragte Günter Schütte.

Schütte, 67 Jahre alt, pensionierter Sportlehrer und schwimmbegeistert, lud die drei Mädchen ins Hallenbad Sandkamp ein, wo er, unterstützt von anderen ehrenamtlichen Schwimmbegeisterten, Schwimmkurse für Flüchtlinge veranstaltete. Zu Beginn traute sich Hanan kaum ins Wasser. Sie klammerte sich ans Geländer und vermied es, nach vorn zu schauen, denn das Wasser erinnerte sie aus dieser Perspektive an das Meer. Sie wollte nur mit abgewandtem Blick schwimmen lernen. Also sagte Günter Schütte: „Leg dich auf den Rücken, entspanne dich und versuche, den Auftrieb des Wassers zu genießen." Und Hanan legte sich auf den Rücken und ihre Hände krallten sich wie Schraubstöcke an ihren Schwimmlehrer, „nicht loslassen, nicht loslassen", rief sie.

Heute kann sie sich im Hallenbad auf den Rücken legen, sich treiben lassen und sich entspannen. Wenn das Wasser ruhig und still ist, dann ist sie es auch. Sie blickt dann nach oben und sieht die Decke der Schwimmhalle, und ihr ist, als könne sie durch sie hindurchblicken, denn die Decke ist dünn und ihre Augen sind stark. Sie richtet ihren Blick auf den Himmel, in die Wolken, und wenn es dunkel ist, in die Schwärze hinein, und kann, so erzählt sie es, über die Schwärze, ja sogar über die Sterne hinaus, in eine neue Schwärze sehen, und sieht, während sie hineinblickt, ganz eindeutig, die Berge, als sie marschierten, sieht ihren kleinen Bruder, der weinte, sieht ihre Großmutter, die ihr Bein unter Schmerzen nachzog, erinnert sich an die Tage, als sie auf der Straße schliefen. „Und an die heißen Sommernächte, als wir auf dem Dach unseres Hauses in Borek übernachtet haben. Das haben Sulin, Helin und ich immer gemacht, damals in unserem Heimatdorf", sagt Hanan.

Und dann ruft sie jemand, aber sie kann dort, wo sie ist, nichts hören und von dort, wo sie ist, nicht schnell zurück. Nach und nach treten die Dinge der Schwimmhalle ins Bewusstsein, gewinnen Land in ihrer Welt, die eben noch schwankend, weich, unscharf war. Die Decke mit dem Muster, die Geräusche der Kinder, der Lärm, das Schwimmbad. Das Leben, in dem sie jetzt ist. Wenn sie von früher erzählt, von ihrem Leben im Sindschargebirge, von ihrer Flucht und ihrer Ankunft in Deutschland, dann verstummt sie manchmal, und in die Stille hinein ergreift eine Schwester das Wort und trägt die Erzählung weiter. Alle drei Schwestern haben das Gleiche erlebt und auch wieder nicht, denn was für die eine zu schmerzhaft ist, darüber kann die andere reden, und was die eine verdrängt, ist für die andere aussprechbar.

Helin, 14, die Mühelose, der alles zufliegt und die auch als Erste schwimmen konnte, Sulin, 10, die Kleinste, aber mit dem größten Mut von allen, und Hanan, mit 16 die Älteste, die Träumerin. Die Langsame. Alles geht langsam im Wasser. Ein Stein segelt wie ein Blatt auf den Grund.

Hanan, die Ernsthafte, die offen für Neues ist, ohne das Alte aufzugeben, die an Werte glaubt, an Wahrheit und Ehrlichkeit. Als die Lehrerin fragte, warum sie eigentlich keine deutschen Jungs treffen möge, ob sie sich nicht integrieren wolle, antwortete Hanan: „Aber ich gebe doch nicht meine Religion auf, für meine Religion bin ich doch geflohen."

Schwimmunterricht in der Schule ist am Mittwoch, dem Tag, an dem sie eigentlich nicht duschen dürfe, aber wenn man vorher Gott um Verzeihung bitte, wenn man ihn und seine Gebote genau dadurch ernst nehme, dass man um eine Ausnahme bitte, dann verzeihe Gott, sagt Hanan.

Alle drei Mädchen fühlen sich der Wahrheit verpflichtet und unterbrechen und korrigieren sich sanft gegenseitig, in fast akzentfreiem Deutsch. „Nein, Helin." – „Doch, doch." – „Wo bist du gerade in deiner Erzählung?", fragt Sulin. „Im Boot? Noch an Land?" So durcheinanderredend, versuchen sie, Ordnung ins Chaos zu bekommen, in die Wirren ihrer Flucht und in ihr neues Leben in Deutschland. Manchmal,

Kleiner Wassermann. Daoud Souliman Shevan, elf Jahre, Jeside, kommt wie Hanan, Helin und Sulin aus Irak wenn Hanan erzählt, schließt sie die Augen und öffnet sie langsam wieder, sie sieht gleichsam weg und wieder hin, als hätte sie in diesem Augenblick eine neue Perspektive auf ihr Leben gewonnen, als würde das Bild plötzlich klar und keine Frage bliebe mehr offen.

Borek, das Dorf, in dem sie lebten. 3. August 2014, sie sahen im Fernsehen schreckliche Bilder und verstanden, dass sie fliehen mussten, schnell, die Truppen des IS waren dabei, eine Offensive vorzubereiten gegen das kurdische Irak. Zu dieser Zeit lebten 300 000 Jesiden im Irak. Hanan und ihre Familie flohen mit nichts außer dem, was sie bei sich trugen, in die Berge. Zehntausende Menschen harrten dort in der Trockenheit und Hitze des Hochsommers. Zwei Tage, nachdem sie ihr Dorf verlassen hatten, starben 40 Kinder an Durst; damals wusste Hanan nicht, dass wer nichts zu trinken hat, sterben muss. Damals wusste sie nicht, dass wer an den falschen Gott glaubt, sterben kann.

Jetzt weiß sie es, aber diese Antwort selbst warf wieder Fragen auf, und es würde weitere Fragen geben, auf die sie keine Antwort wusste. Warum schießen Menschen? Warum sterben Menschen? Warum streiten Menschen? Warum müssen wir um unser Leben Angst haben? Es gibt keine Logik, die das erklären kann.

Nie mehr Angst haben

In einem Auto fuhren sie zu einer jesidischen Kirche, blieben eine Nacht, fuhren am nächsten Tag weiter und kamen in Syrien in einem Flüchtlingslager an. Dann machten sie sich auf den Weg in die Türkei, zu Fuß. „Die Terroristen mögen uns nicht, die möchten nicht, dass wir leben“, sagt Sulin. „Die möchten nur Muslime auf der Welt haben. Aber das Leben geht nicht so“, sagt Helin.

Die Mädchen blieben ein paar Monate in der Türkei, und hier entschied ihr Vater irgendwann, allein nach Deutschland aufzubrechen, als Vorhut. Die anderen sollten nachkommen. Und so standen Hanan, ihre Schwestern, Mutter und Großmutter eines Morgens in der Nähe der türkischen Stadt Izmir an einem Ufer, ein Schlauchboot vor sich. Und einen Steuermann mit einem Messer. „Wir hatten Angst vor dem Messer. Wenn das Boot kaputtgeht, gehen wir unter“, sagt Hanan. „Aber der Steuermann hat das Schiff nicht kaputt gemacht“, sagt Sulin. „Angst hatten wir trotzdem“, sagt Helin. Ihre Sachen mussten sie am Ufer zurücklassen, die Schlepper ließen sie nichts mitnehmen. Wir haben keine Wahl, wir müssen über das Meer. Jetzt wird die Reise zum Zwang, dachte Hanan. – Warum steigen wir überhaupt in ein Boot? Warum gehen wir nicht einfach ums Meer herum und schon sind wir da?, dachte Sulin.

Erst sollten die Kinder an Bord gehen, wobei das höflicher klingt, als es war. „Sie haben uns reingeschmissen, als ob wir Mülleimer wären“, sagt Sulin. Ihren kleinen Bruder, Sidar, ein Jahr alt, wollte die Mutter nicht allein ins Boot lassen.

Er hat die ganze Überfahrt nicht die Augen aufgemacht, weil er solche Angst hatte. Seine Schwestern weinten und schrien während der Reise. Und um ihre Kinder zu beruhigen, weinte die Mutter auch, damit sie nicht allein in ihrer Angst waren.

Als sie losfuhren und Meile um Meile zurücklegten, sah Sulin: Das Meer geht immer weiter, nur blaues Wasser. Hanan schloss ihre Augen und Ohren, nichts drang mehr zu ihr vor, nichts. Helin hielt die ganze Zeit ihre Schwester Sulin in den Armen. Sulin sah ihre Großmutter eingequetscht unter drei Männern am Boden liegen, und ihre Großmutter reichte ihr die Hand und sagte, um sie zu beruhigen: „Mir geht es gut.“ Und Sulin sagte: „Nein, dir geht es nicht gut.“

Wasser schwappte über Bord und durchnässte die Mädchen bis auf die Haut. „Ich schrie, weil Wasser in unser Schlauchboot gedrungen war“, sagt Helin. Sulin erinnert sich an ein Loch im Rumpf. Aber ist es wahr? Und ist es nicht egal? Ist nicht einzig wichtig, was sie als belastende Erinnerung behielt?

Sie erreichten das Ufer in Griechenland, doch ihre Odyssee setzte sich fort. Es dauerte noch viele Wochen, bis sie schließlich in Wolfsburg eintrafen und eine Wohnung in der Flüchtlingsunterkunft am Mittellandkanal bezogen. Sie lernten Günter Schütte kennen, der sie vom Schwimmkurs überzeugte. Er brauchte nur einen Satz dafür: „Wenn ihr euch traut, schwimmen zu lernen, müsst ihr keine Angst mehr vor Wasser haben, nie mehr.“

Das erste Mal in einem Badeanzug und das erste Mal mit Chlorgeruch in der Nase standen sie am Beckenrand im Hallenbad Sandkamp, Hanan, Helin und Sulin. Doch als Hanan die Stufen ins Wasser steigen sollte, musste sie ans Meer denken und blieb stocksteif stehen. Und Helin bekam solche Angst, dass sie gleich wieder aus dem Becken kletterte. Sulin wollte nicht einmal einen Zeh ins Wasser stippen.

Hanan hat es am ersten Tag bis in die Mitte des Beckens ins hüfttiefe Wasser geschafft, sich aber immer am Rand festgehalten. Sulin war damals mit sieben zu klein und hätte nicht mehr stehen können, deshalb ist sie erst einmal draußen geblieben. Aber sie ist mutig. „Ich zeige Günter, dass ich das kann.“ Aber das war ein bisschen später. Erst übte sie mit der Schwimmnudel, dann mit dem Schwimmgurt. Bis dann der Punkt kam, wo Günter alles wegnahm. „So, jetzt musst du dich trauen.“ Viele Male musste sie sich trauen: tauchen – „vielleicht komme ich nicht mehr nach oben“ – und vom Drei-Meter-Brett springen – „ich stelle mir vor, da unten ist der harte Boden, auf den ich schlage“ –, aber Sulin schaffte es. „Günter hat gesagt: ‚Nicht nach unten schauen. Nach vorn schauen.‘ Ich habe dann die Augen zugemacht und mich fallen lassen.“ Er nahm den Mädchen die Angst, drehte sie auf den Rücken, überzeugte sie vom Auftrieb, im Lauf einiger Wochen lernten sie schwimmen, sie haben sogar Abzeichen gemacht, vor allem aber lernten sie eins: Vertrauen haben. „Ich war erst frei, als ich schwimmen konnte“, sagt Hanan.

Viele Flüchtlinge haben seit ihrer gefährlichen Fahrt übers Mittelmeer ein Meerestrauma. „Sie paddeln im Unterricht wie panische Hunde, verkrampfen, drehen ihre Fußsicheln nach innen. Das unterscheidet sie von Nichtschwimmern aus Deutschland“, hat Günter Schütte festgestellt. „Mach mal die Beine locker“, sagt er ihnen dann.

Dutzende Flüchtlinge ertranken in den vergangenen Jahren in deutschen Gewässern. Viele Flüchtlinge sind Nichtschwimmer. „Wer in Deutschland leben möchte, sollte nicht nur schwimmen können, sondern auch keine Angst vor dem Wasser haben, sich gern im und am Wasser aufhalten und damit am gesellschaftlichen Leben teilnehmen“, sagt Günter Schütte. Mit seinen Schwimmkursen will er das Meerestrauma überwinden helfen. Die Flucht, soll sie einen Anfang markieren, muss im Kopf ein Ende finden.

Helin war die Schnellste und konnte als Erste auf dem Bauch schwimmen und hat auch als Erste das Bronzeabzeichen gemacht, im März 2017. Sulin war die Zweite. Und die Älteste, Hanan, hat am Längsten gebraucht. Aber Hanan konnte von allen als Erste frei schwimmen, doch nur auf dem Rücken. Auf dem Rücken schwimmen, an die Decke gucken.

„Ja“, sagen alle drei, sie vermissten ihre Heimat. „Ich träume, dass ich wieder mit meinen Freunden spiele“, sagt Sulin. „Unser Leben war super“, sagt Hanan. „Uns fehlte gar nichts. Wir hatten ein großes Haus, zwei kleine Ziegen und zwei Schafe.“ – „Aber dann kamen die Terroristen und haben unser Haus abgebrannt“, sagt Sulin, „und unsere große Ziege, die ich am liebsten mochte, hatte nichts mehr zu essen und zu trinken und ist gestorben.“ – „Weil ja alle fliehen mussten, gab es niemanden, der sie füttern konnte“, sagt Hanan.

Die Heimat vermissen

Hanan kann nicht nach Borek zurück, weil ihr Haus zerstört ist, und selbst wenn es einige Häuser ihrer Kindheit noch gibt, von einem Onkel oder einer Tante, kann sie nicht dorthin, denn sie sind vermint. Was sieht Hanan, wenn sie durch die Decke der Schwimmhalle blickt? Was sieht sie, wenn sie über die Wolken hinaus, und wenn es dunkel ist, über die Schwärze hinaus, in eine neue Schwärze blickt? Sie weiß darauf keine Antwort. Sie sieht wahrscheinlich den einzigen Ort, an den sie zurückkehren kann.

Hanan hat Deutsch gelernt, sie hat Fahrradfahren gelernt, sie hat gelernt, die Luft anzuhalten, sie hat gelernt, mit Malen ihre Gefühle auszudrücken, sie hat gelernt, ohne ihre beste Freundin zu leben, die im Irak geblieben ist. Sie hat gelernt, Nein zu sagen, sie hat gelernt, Ja zu sagen. Sie hat gelernt, dass sie von manchen Deutschen für eine Muslima gehalten wird, bloß weil sie aus dem Irak kommt, und von manchen Muslimen für eine „Teufelsanbeterin“, weil sie als Jesidin an den Engel Melek Taus glaubt, jenes Pfauenwesen, das Gott aus einem siebenfarbigen Regenbogen geschaffen hat. Sie hat gelernt, dass ihre Heimat, Kurdistan, ein Land ohne Staat, ohne Pässe, den Beweis seiner Existenz schuldig bleibt und dass ihr Gott hier für nicht sehr mächtig gehalten wird, denn er hat keine heilige Schrift, nicht einmal ein gedrucktes Wort. Sie hat gelernt, dass sie kein richtiges Geburtsdatum hat und dass ein richtiges Geburtsdatum aber

Die Mutige. Sulin Saeed Abdo übt für das DLRG-Schwimmabzeichen Junior-Retter

wichtig ist. Den 1. Januar 2002, der bei Hanan im Pass steht, nennt sie ihren „falschen Geburtstag“ – ein fiktives Datum, das sie von den irakischen Behörden verpasst bekommen hat, weil sie ihren echten Geburtstag, den 10. November 2002, nicht dokumentieren konnte.

Sie weiß, dass sie „Flüchtling ist im Sinne des Abkommens über die Rechtsstellung der Flüchtlinge“. Sie weiß, dass sie drei Jahre in Deutschland bleiben darf und die Behörden ab Frühjahr 2019 prüfen werden, „ob die Schutzgründe immer noch vorliegen“. Sie weiß, dass noch immer Tausende jesidische Frauen und Kinder in der Hand der IS-Kämpfer sind und jeden Tag vergewaltigt werden. Sie weiß, dass sie nie mehr zurückwill. Sie weiß nicht, was sie tun wird, wenn sie muss. Sie hat frei sein gelernt. Sie hat leben gelernt, sagt sie.

Das Flüchtlingsheim liegt im Wolfsburger Vorort Fallersleben in einem Gewerbegebiet am Mittellandkanal. Dort wohnen die drei Mädchen mit zwei weiteren Geschwistern und ihren Eltern in einem Zweizimmerapartment. Im Wohnzimmer hängt ein lila Wandteppich, das Heiligtum der Jesiden, wo sie Fotos von Verstorbenen befestigen oder Wünsche auf Papier in eine kleine Tasche stecken. Ein Wunsch hat sich bereits erfüllt. Bald ziehen sie in eine größere Wohnung, die Günter Schütte für sie gefunden hat, Stadtteil Westhagen, vier Zimmer, 105 Quadratmeter.

Hanan trägt enge Jeans und ein modisches Halsband. Sie verbringt viel Zeit am Smartphone, googelt Bilder von ihrer Lieblingsband Bangtan Boys und malt sie ab. Sie möchte Kunst- oder Sportlehrerin werden. Sie ist sie viel zu Hause, möchte lieber Hausaufgaben machen und einen guten Abschluss bekommen, als ihre Freizeit mit Kino oder Shoppen zu verplempern. Selten besuchen die drei Mädchen deutsche Schulfreundinnen, noch seltener kommen welche zu Besuch. Sulin möchte keine zu sich nach Hause einladen, weil sie nicht will, dass die anderen denken, „dass ich arm bin“. Deshalb schlägt sie den anderen immer vor: „Gehen wir zu dir?“

Die Mädchen sagen, sie seien Außenseiterinnen in der Klasse. Weil sie Flüchtlinge sind. Weil sie den Pausenhofslang nicht sprechen. Weil sie ernsthafte Menschen sind. „Die aus unserer Klasse sind anders“, sagt Helin. „Die sagen ‚meine beste Freundin‘, und zwei Wochen später kennen sie das Mädchen nicht mehr“, sagt Hanan. „So sind wir nicht“, sagt Sulin. „Wir sind treu.“ Wenn sie in ihrer Freizeit andere Menschen treffen, dann nur Verwandte. Ihre Heimat, das ist die Familie. Fremde ist, wo keine Angehörigen sind.

Sie alle haben auf ihren Handys das Bild eines jungen Mannes mit Bambiaugen, ihren Cousin, der ohne seine Eltern nach Deutschland gekommen ist. Er rief seine Familie in Irak an, nachts um zwei, sprach davon, wie sehr er sie vermisste, wie sehr er sie liebte, seine Familie konnte im Hintergrund

einen Zug hören, immer lauter wurde das Rattern, dann ein Pfeifen, „ich vermisse euch", dann brach es ab. Der Lokführer des ICE erzählte später, dass er im Schweinwerferlicht einen jungen Mann vor sich gesehen habe, der mit offenen Armen auf den Schienen stand. Er hinterließ keinen Abschiedsbrief, niemand weiß, warum er sich das Leben nahm. „Vielleicht war er einsam", sagen die Mädchen.

Wenn Günter Schütte Schwimmkurse veranstaltet, sind alle drei mit von der Partie. Sie sind jetzt Schwimmlehrer. Sie, die eine Angst besiegt haben, die sie auf der Flucht erfahren haben, helfen jetzt anderen, ihre Angst zu überwinden. Ihrem Vater, zum Beispiel. „Kraulen kann er schon", sagt Sulin. „Aber die Beine macht er nicht so richtig", sagt Hanan. „Ich schwimme dann ein bisschen um ihn herum und helfe ihm", sagt Helin.

Die Kurse finden mehrmals im Jahr statt, im Hallenbad Sandkamp, Männer wie Frauen, Kinder wie Erwachsene, Flüchtlinge wie Deutsche. Alle eint, dass sie schwimmen lernen wollen. Die Kinder tun sich leichter. Helins Schüler Amri will sogar schon schwimmen können und schiebt die Nudel weg und geht unter. Hanans Schüler Tobias sagt: „Wohl kann ich schwimmen, auf Mallorca, aber nicht hier." Sulin macht am Beckenrand einer Frau vor, wie Froschbeine funktionieren: „Ziehen, auf und schließen!" Helin drückt den Hinterkopf eines Mädchens sanft ins Wasser, damit es sich wieder hinlegt, und sagt: „Mach den Bauch etwas raus!", während sie ihn kitzelt: „Du musst dich im Wasser nicht aufrichten, das Wasser ist wie ein Bett. Es trägt dich." Sulin zeigt einem Jungen, wie man taucht, erst die Arme, dann das Gesicht einstippen und dabei blubbern. „Siehst du, da läuft kein Wasser in dich rein." Hanan hat den weinenden Tim in ihren Armen, und als er nach vielem guten Zureden seinen Klammergriff ein wenig lockert und mit seinen Schwimmflügeln im Wasser schwebt, lächelt er ein bisschen, aber nur, als Hanan einmal nicht guckt.

Sulin hat noch ein bisschen Angst vor dem Dunkeln, und manchmal schläft sie bei ihrem Vater, weil sie schlafwandelt. Helin hat Angst vor Hunden, und Hanan hat Angst, alleine nach draußen zu gehen. Aber schwimmen hat ihnen geholfen, Ängste zu verlieren und sich frei zu bewegen, nicht nur im Wasser. Bei Behörden, auf der Wohnungssuche: Die Kinder dolmetschen, die Kinder organisieren, die Kinder kümmern sich. Sie helfen ihren Eltern, selbstständig zu werden, sich freizuschwimmen in Deutschland.

Das Meer wagen?

Du, Hanan?", fragt Helin, „magst du Bangtan Boys so richtig? Ich meine: Liebst du die?" – „Nein!", sagt Hanan. – „Ich hasse Jungen", sagt Sulin. – „Ich werde nie heiraten", sagt Hanan.

Wenn die Sonne sinkt, geht Hanan mit ihren Schwestern nach draußen und fängt an, Fotos zu machen. Sie macht kleine verwackelte Videoclips vom glutroten Abendhimmel und postet sie bei Instagram unter 7bangtan_boys. Sie liebt den Himmel. Und fürchtet die Tiefe.

Hanan hat in einer Zeitung gelesen: Als die IS-Dschihadisten in Kurdistan einfielen und Kinder als Kriegsbeute mitnahmen, da schnitten sie ihnen als Erstes die Bänder ab, die sie um die Handgelenke trugen. Die Bänder bekommen die Kinder jedes Jahr zu einem Fest. Sie sollen schützen. Nach jesidischem Brauch darf man sie nicht abschneiden. Wenn sie sich einmal von allein lösen, soll man sie an einen Baum binden und sich etwas wünschen.

Hanan wünscht sich, nie einen Jungen zu treffen, den sie lieben wird. Sie liebt ihre Eltern und möchte sie nicht eines Tages für einen Menschen verlassen, den sie mehr liebt als ihre Eltern. Sie möchte immer jemanden bei sich haben, der sie beschützt. Sie hat Angst vor dem Draußen. Sie geht nie allein aus dem Haus, nicht erst seit der Flucht. In ihrer ersten Schwimmstunde bildeten alle Schüler einen Kreis und nahmen sich bei den Händen, und jeder, der Rückenschwimmen übte, wurde gehalten. Das gemeinsame Rückenschwimmen, getragen von allen Händen, gibt Vertrauen. Die schwierigste Übung für alle Flüchtlinge ist es, sich auf den Bauch zu legen, das Gesicht ins Wasser zu tauchen und nach unten zu blicken, hinab in eine beängstigende Falltiefe. Da unten ist niemand, der sie auffängt.

Neulich war Hanan mit einer Schwimmbrille unter Wasser, alles war viel klarer als ohne, das Becken war plötzlich viel größer, größer als ihr Mut, sie bekam Angst. Manchmal wünscht sie sich, nicht mehr Hanan, die Rückenschwimmerin, im Hallenbad zu sein, sondern Hanan, die Mutige, im Meer. Und wenn sie dann nach unten blickt, in eine Tiefe, die die Frühlingssonne lichthell unter ihr durchflutet, dann breitet sie die Arme wie Schwingen aus, hält die Luft an und starrt hinab. Sie lässt Blasen aus ihren Mundwinkeln streichen, Meter um Meter gleitet sie hinab und sinkt. Und unten am Grund angekommen, Tausende Tonnen Wasser über sich, fühlt sie sich, als würde sie das Meer auf ihren Schultern tragen.

„Helin", sagt Sulin, „ich habe mal eine Frage: Würdest du gern in dem Meer, über das wir mit dem Boot hergekommen sind, einmal schwimmen?" – „Ich würde es gern sehen", sagt Helin, „aber …" – „… nicht darin schwimmen?", ergänzt Sulin. – „Genau." – „Ich möchte es weder sehen noch darin schwimmen", sagt Sulin. Hanan zittert etwas. Sie sagt: „Ich würde es gern versuchen."

Dimitri Ladischensky, Jahrgang 1972, mare-Redakteur, war erstaunt, wie angstfrei die drei Mädchen sind, als er mit ihnen die Wolfsburger Kirmes besuchte. Er war der Einzige, der sich nicht in die Achterbahn traute.

Diana Markosian, Jahrgang 1989, Magnum-Fotografin, erforscht das zutiefst Persönliche, von der Dokumentation des Lebens junger tschetschenischer Mädchen über ihre eigene Begegnung mit ihrem entfremdeten Vater bis zu einem Film über die Überlebenden des armenischen Genozids von 1915. Ihre Arbeiten sind in Publikationen wie „National Geographic Magazine", „The New Yorker" und „The New York Times" zu finden.

Die Termine für die Wolfsburger Schwimmkurse finden sich auf der Website www.fluechtlingshilfe-wolfsburg.de.

„Ich wusste nicht, wohin mit uns“

Dieses Bild ging um die Welt. Ein Sea-Watch-Helfer berichtet von dem Moment, als er das tote Kind in seinen Armen hielt

Von Martin Kolek

Es war der 27. Mai 2016, die „Sea-Watch 2“ befand sich im Suchgebiet etwa 25 Meilen vor der libyschen Küste, wir waren bereits seit zehn Tagen auf See, die Besatzung: zehn Männer, drei Frauen, aus Deutschland, den Niederlanden und Italien, im Alter zwischen 24 und 56 Jahren. Der Wind hatte bereits in den Abendstunden auf Süd gedreht, in der Nacht waren Boote von der libyschen Küste aus gestartet. Gegen 6.30 Uhr klingelte das Satellitentelefon, eine junge, völlig übermüdete, aufgeregte Stimme berichtete von einem Kontakt mit einem sinkenden Boot, wir sollten sofort dorthin fahren. Ich ließ mir die Position geben und sagte dem Mann, dass wir mit unserem Schiff bei voller Fahrt mit 9,6 Knoten über fünf Stunden brauchen würden. Aber der Aktivist der NGO Alarm Phone bat inständig darum, dass wir fahren. Er habe mit dem Boot Kontakt, es sei furchtbar, es sinke, alles sei völlig chaotisch.

Wir nahmen Kurs auf mit voller Fahrt, und nach einigen Stunden näherten wir uns dem havarierten Holzboot, das ein paar Zentimeter aus dem Wasser ragte. Vor Ort waren zahlreiche Rettungsinseln zu sehen, drei Kriegsschiffe waren inzwischen eingetroffen, unruhiges Wasser, um ihr Leben kämpfende Menschen, Schnellboote, Beobachtungshubschrauber.

Gegen 15.30 Uhr kam der Funkspruch eines Küstenwachschiffs der italienischen Marine, der „Nave Vega“, mit der Anordnung, dass wir unser Schlauchboot zur Verfügung stellen sollten, um die zahlreichen Leichen zu bergen. Denn wer bis jetzt nicht gerettet sei, sei ertrunken. Wir fuhren zu den Rettungsinseln, eine nach der anderen, alle leer. Dann trafen wir auf die erste Leiche, Meilen entfernt von der „Nave Vega“ und der „Sea-Watch 2“, die noch am Horizont zu sehen war. Es war eine junge Frau, wir nahmen sie mit einem Netz ins Boot. Dann fanden wir ein junges Paar, sich festhaltend, dicht unter der Oberfläche treibend. Dann kamen die Kinder, sie schwebten tief im Wasser, das Mittelmeer ist bei einer bestimmten Sonneneinstrahlung wie Glas. Schwamm da die Puppe eines Kindes? Nein. Es war ein Kind, ein kleiner Junge.

Ich nahm ihn in den Arm. Loslassen, den toten Körper des Kindes in die Bilge unseres Schnellboots legen – nicht einen Moment bin ich auf die Idee gekommen. Ich trug ihn, wie ich meine Kinder getragen habe. Vielleicht eine Seemeile lang hielt ich die Leiche des kleinen Jungen ganz nah bei mir, mit meinem Körper die Wellen ausbalancierend, damit ihm nichts zustoße. Einerseits wusste ich, dass das Kind tot war, andererseits fühlte ich, dass es etwas in mir auslöste, sodass ich es festhielt. Mir war nach Schreien – ich wusste nicht, wohin mit uns beiden.

Es war tot, und etwas in mir verband sich mit ihm, und so hielt ich es weiter ganz nah bei mir. Und je mehr ich seine Nähe spürte, desto klarer wurde mir, dass etwas Neues Raum nahm, mit einer enormen Vitalität und Kraft. Ich bemerkte, wie sehr ich mit der aktuellen Situation verschmolz. Ich fühlte

Die Initiative Sea-Watch entschied, das Foto von Martin Kolek und dem kleinen Mohamed an die Nachrichtenagentur Reuters zu geben. Ein „hartes Bild", wie Sprecher Ruben Neugebauer sagt, „um die Realität zu zeigen. Europa versucht Migration mit allen Mitteln zu unterbinden und geht dabei wissentlich und willentlich über Leichen"

mich gut aufgehoben, auf dem Wasser, im Boot zusammen mit drei weiteren Männern.

Keiner sprach. Stille im Boot. Dies blieb so, auch als wir uns dem Schnellboot des italienischen Küstenwachschiffs „Nave Vega" näherten: Stille. Vier Männer, zwei jüngere, die das Boot führten, zwei ältere in schwarzen Kampfschwimmeranzügen. Sie starrten tonlos auf das Kind in meinen Armen. Dieter hinter mir und einer der Helfer der italienischen Küstenwache griffen jeweils die Hand des anderen, um die Boote etwas zu stabilisieren. Ein anderer übernahm behutsam den kleinen Körper.

Ein weiteres Kind, ein kleines Mädchen, hatte ich später im Arm. Bei ihm waren die Augen geöffnet, Wasser lief aus seinen Ärmeln auf meine Arme. Der Wind und die Wellen hatten zugenommen, sein rechter Arm war lang und starr ausgestreckt, das Mädchen hatte offenbar Todesangst durchlebt. Seine Hand war halb geöffnet, und ab und an berührte diese mein linkes Ohr, so wie kleine Kinder es gelegentlich tun.

Schlimm waren die Bemerkungen, als wir von Bord der „Sea-Watch 2" an Land gingen. „Wie geht es dir?" … „Pass auf dich auf!" … „Komm gut wieder an" … – so ein Mist, dachte ich mir. Es war die Hölle. Die Realität hatte sich verändert, ich war in der Welt nicht mehr zu Hause. Auch nach Monaten: „Bist du wieder gut angekommen?" – „Ja, ja", sagte ich und dachte doch zugleich: Nein! Ich will auch nicht mehr ankommen. Ich bin nicht mehr der, der ich gewesen bin. Manchmal wachte ich nachts auf, und um mich herum war ein Gefühl, wie ich es hatte, als wir die Leichen markierten, Benzingeruch, das Quietschen einer Winde der „Nave Vega", die die Leichen im Netz an Bord hievte. Das Nichts war überall – kalt, unheimlich, leer.

Im August 2016 suchte ich nach den Gräbern der Ertrunkenen. In Süditalien, in der Nähe von Reggio Calabria, liegen sie in einem Bergdorf begraben. Von einer Mitarbeiterin des Innenministeriums in Reggio Calabria und einem Staatsanwalt wurden mir die Namen der beiden Kinder gesagt. Mohamed Liban und Maryam Hassan, sechs und acht Monate alt, aus Somalia – die beiden gefundenen, ertrunkenen Kinder des Einsatzes am 27. Mai 2016.

Martin Kolek, geboren 1966, arbeitet als Musik- und Kinder- und Jugendlichenpsychotherapeut in Paderborn. Er ist verheiratet und hat drei Söhne im Alter zwischen 16 und 19 Jahren. Im vergangenen Jahr gehörte er zur Crew der festgesetzten „Sea-Watch 3". In diesem Jahr hofft er, dass die Menschen gerettet werden und in sichere Häfen kommen und überhaupt niemand und schon gar keine Kinder in seeuntaugliche Boote steigen müssen.

Der kalabrische Ort Tarsia thront auf einem Gebirgsausläufer im Inland. Der Gedenkfriedhof soll zu Füßen des Orts errichtet werden, wo die Olivenbäume stehen. Im Vordergrund: der alte Friedhof

Franco Corbelli (rechte Seite) ist der Initiator des Gedenkfriedhofs. Auf die Idee kam der Menschenrechtsaktivist und Berufsschullehrer, als er die Bilder der Tragödie von Lampedusa sah

Ein kleiner Himmel

TEXT: ANDREA WALTER

FOTOS: FRANCESCO ZIZOLA

In einem 2000-Seelen-Dorf in den Hügeln Kalabriens soll ein Gedenkfriedhof entstehen für die Flüchtlinge, die bei der Fahrt über das Mittelmeer ums Leben kamen. Was ist das für ein Ort?

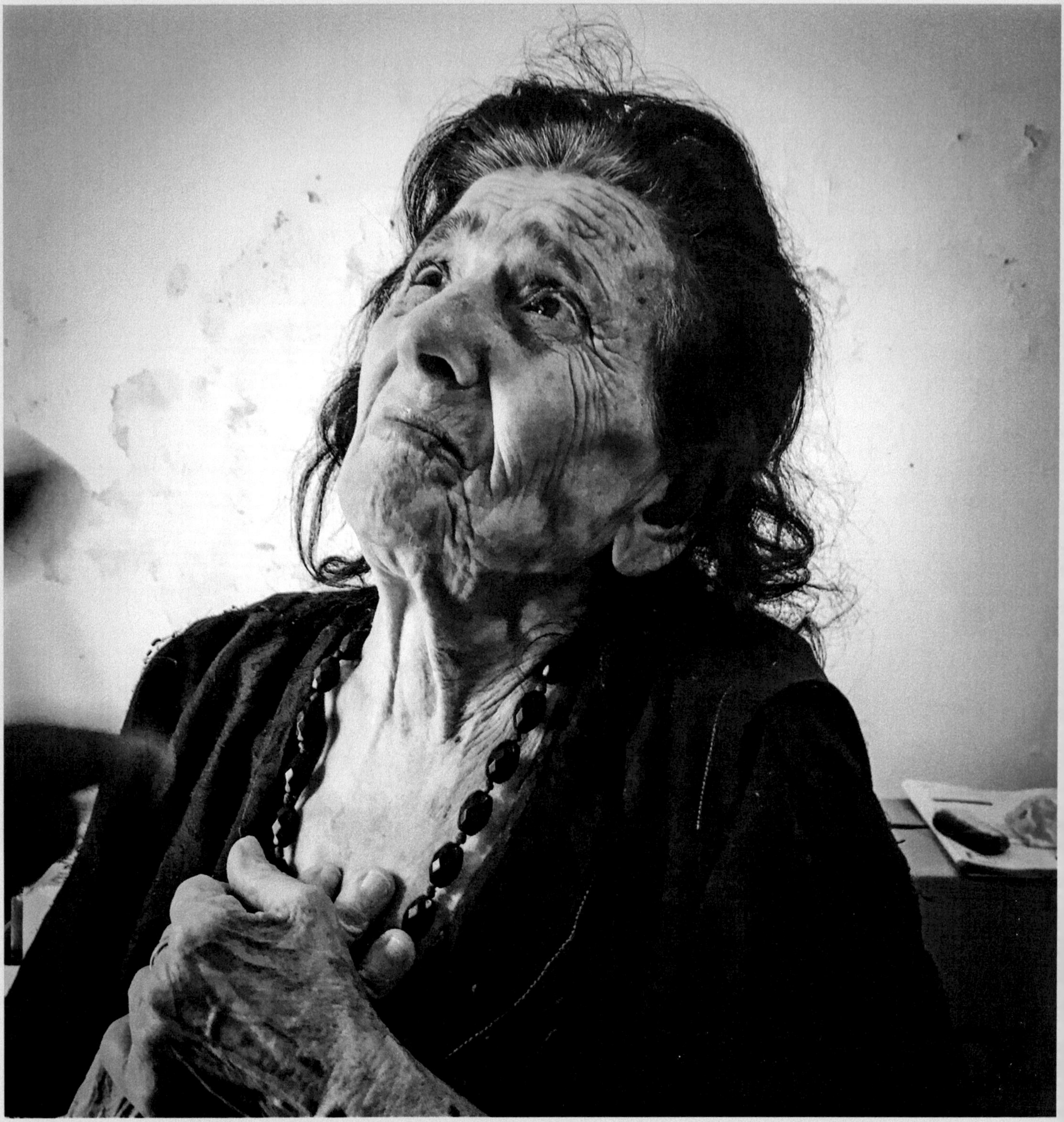

Donna Lina ist eine der Eigentümerinnen des Grundstücks, auf dem der Friedhof entstehen soll. Sie ist die Besitzerin eines kleinen Tabakladens

FRANCO CORBELLI LÄUFT ÜBER DAS FELD, DAS EINmal seine Vision tragen soll. Es ist trocken, steinig, da sind Disteln, aber auch alte Olivenbäume. Zikaden singen in der Mittagshitze; sie schreien fast, diese kleinen Kreaturen. „Hier werden sie ihre Ruhe finden", sagt Corbelli gegen das Trommeln der Tierchen an, „gegenüber von Wasser." Er zeigt auf den See von Tarsia. „Eine Botschaft der Hoffnung", fügt er hinzu. Denn Wasser müsse nicht Tod bedeuten.

Corbelli, ein schmaler Mann Anfang sechzig, sieht müde aus. Seit Jahren kämpft er für seinen Traum, auf dem Stück Land zu Füßen von Tarsia einen Gedenkfriedhof zu errichten – für die Flüchtlinge, die auf ihrem Weg übers Mittelmeer ums Leben kamen. Für deren Familien. Und für die Welt. Damit sie nachdenkt über das Drama der Migration. Doch der Weg dorthin ist steinig, wie der Boden, auf dem er steht.

Franco Corbelli kommt nicht aus Tarsia, er lebt 15 Kilometer entfernt. Aber man kennt ihn hier. Im Rathaus klopft ihm ein Mann auf die Schulter. „Ich habe Sie im Fernsehen gesehen", sagt er. „Ich bewundere Ihre Arbeit." Corbelli senkt den Kopf und winkt ab. Es sei eine Familientradition, sagt er später. Schon seine Eltern, Großeltern, Urgroßeltern hätten stets auf der Seite derer gestanden, die ganz unten sind. „In jeder Minute, leider", sagt Corbelli verzweifelt, es ist Mitte Juli 2018, „sterben Menschen." Seit es den NGOs verboten sei, die italienischen Häfen anzusteuern, sei die Zahl noch gestiegen. „Das ist der verheerende, der schreckliche Schaden", sagt er. Und über Innenminister Salvini: Er sei eine Persönlichkeit, die sich gar nicht bewusst sei, „welche Schäden an der Menschlichkeit sie anrichtet, an denen, die am ärmsten sind und am meisten leiden, den Migranten".

terra di pace e solidarietà

Schon als Kind konnte Corbelli keine Ungerechtigkeit ertragen, mit sieben wollte er Journalist werden. Später, neben dem Studium, arbeitete er fürs Radio und als Korrespondent für verschiedene Zeitungen. Heute ist er Berufsschullehrer, nebenbei Aktivist. Vor 23 Jahren gründete er die Bewegung „Diritti Civili", Bürgerrechte. Längst trägt er einen Verdienstorden des italienischen Staates, ein Laudator nannte ihn „Gandhi Kalabriens", eine Lokalzeitung schrieb „Kein Härtefall, zu dem er nicht geeilt kommt".

Auf die Idee mit dem Friedhof kam Corbelli im Oktober 2013, als er die Bilder der Tragödie von Lampedusa im Fernsehen sah. Erschüttert blickte er auf „all die Körper ohne Namen, eingeschlossen in Särgen, vor allem die kleinen weißen, in denen Kinder lagen". Jetzt werden sie an irgendwelchen Orten begraben, dachte er, und die Erinnerung an sie wird für immer verwischt, weil kein Angehöriger je wissen wird, wo sie liegen. „Wenigstens diese Unmenschlichkeit", sagte er sich, „müssen wir beenden."

Er rief Mario Oliverio an, den damaligen Präsidenten der Provinz Cosenza. Er kannte ihn aus der Zeit, als er dort Ratsmitglied war. Oliverio gefiel die Friedhofsidee, sagt Corbelli. Doch was fehlte, war ein Ort dafür. Corbelli kontaktierte die Präsidentin der Region. Nichts passierte, monatelang. Er lancierte einen Appell in der Presse: „Gibt es einen Bürgermeister in ganz Kalabrien, der mir die Möglichkeit dafür bietet?" Doch: *„Silenzio!"*, sagt Corbelli. Niemand reagierte.

Er bot bereits den kleinen Weinberg an, 5000 Quadratmeter groß, den er von seinen Eltern geerbt hatte, als die Regionalwahlen kamen und die Hoffnung wieder wuchs: Oliverio wurde Präsident von Kalabrien. Erneut dachten sie über den Friedhof nach – und kamen auf Tarsia. Ein Nest von 2060 Seelen, im Inland gelegen. Wieso, um Himmels willen, dort? Weil Tarsia eine besondere Geschichte hat.

In der Nähe, in einem ehemaligen Sumpfgebiet, wurde im Zweiten Weltkrieg das größte Konzentrationslager Italiens gebaut. Es gab 92 Baracken und bis zu 2700 Gefangene, die meisten ausländische Juden, die auf der Flucht in Italien verhaftet worden waren, aber auch andere Feinde des faschistischen Regimes. Und obwohl es ein Internierungslager war, war es – es ist kaum zu glauben – ein menschlicher Ort.

In Ferramonti, wie das Lager hieß, wurde keine Gewalt angewendet. Im Gegenteil: Der Direktor, Paolo Salvatore, ein Polizeikommissar, bestand darauf, dass die Internierten gut behandelt wurden. Die Familien wurden nicht getrennt. Niemand musste arbeiten. Aber sie durften sich selbst organisieren. Die Internierten führten eine Schule, einen Kindergarten, eine Krankenstube, drei Synagogen. Auch eine Art Parlament durften sie bilden, mit einem Delegierten je Baracke. Und die Dorfbewohner brachten ihnen zusätzlich Essen. Tarsia muss in jener Zeit eine Art gallisches Dorf gewesen sein.

Auch das Gedenkmuseum am Ortsrand zeugt davon. Die Ausstellung befindet sich in den wenigen Gebäuden, die geblieben sind, die anderen mussten der Autobahn weichen. Auf Schwarz-Weiß-Aufnahmen sieht man die Internierten beim Kartenspiel, beim Schreinern, bei Fußballturnieren. Sogar Konzerte gaben sie, viele von ihnen waren hochgebildet, Ärzte, Professoren, Musiker – und sie luden die Dorfbewohner zu den Konzerten ein. Die Engländer, die das KZ 1943 befreiten, notierten: „Es ähnelte eher einem kleinen Dorf als allem anderen." Als die „Jerusalem Post" einen Artikel über Ferramonti veröffentlichte, tat sie dies unter der Überschrift „Ein unerwarteter Himmel". Noch heute prangt am Eingang des Orts ein Schild mit der Aufschrift: „Tarsia, terra di pace e solidarietà", Land des Friedens und der Solidarität. „Deshalb", sagt Franco Corbelli, „habe ich Tarsia gewählt." Er hofft, die Geschichte fortschreiben zu können. „Das Herz Italiens", sagt er, „ist nicht das von Salvini – es ist das von Tarsia."

Im Rathaus trifft Roberto Ameruso ein. Der Bürgermeister ist Anfang vierzig und in Turin geboren, doch seine Eltern stammen aus Tarsia. Nach dem Studium in Rom eröffnete er hier eine Anwaltskanzlei, obwohl viele ihm sagten: „Da ist doch nichts! Null." Kalabrien gilt vielen als verfluchter Landstrich, ohne Arbeit, ohne Hoffnung. Junge Leute verlassen die Dörfer. Ameruso ging den anderen Weg. Er deutet aus dem Fenster: „Ich fühle mich wie die Olivenbäume da draußen", sagt er, „eng verbunden mit dieser Erde." ➢

In der Nähe des Orts Tarsia lag während des Zweiten Weltkriegs das größte Konzentrationslager Italiens. In den 92 Baracken lebten bis zu 2700 Gefangene

Fragt man ihn, warum Tarsia den Gedenkfriedhof bauen will, sagt er: „In erster Linie zu Ehren seiner Geschichte, der Solidarität und der Menschlichkeit, die diese Gemeinde in jener dunklen Phase zeigte." Die Generation seiner Großeltern hätte damals eine klare Entscheidung getroffen: auf Seiten derer zu stehen, die zu Unrecht verfolgt wurden. Es habe kein Zögern gegeben. Sie seien den Internierten mit Bewunderung, Empathie und Offenheit begegnet. Auch das erklärt Ameruso aus der Geschichte, mit Kalabriens Lage am Mittelmeer, die immer für Kontakt zu anderen Völkern sorgte.

Kalabriens Geschichte", sagt er, „ist eine Geschichte der Aufnahme." Als Beispiel nennt er albanische Dörfer auf den Hügeln der Umgebung – gegründet von den Arbëresh, die im 15. Jahrhundert kamen. Bis heute würden dort eigene Traditionen fortgeführt. Gewalt oder Intoleranz habe es nie gegeben.

Dann erzählt Ameruso eine Geschichte, die in Tarsia jeder kennt: Es war im September 1943. Nachdem die Alliierten in Sizilien gelandet waren, befand sich die Panzerdivision „Hermann Göring" auf dem Rückzug gen Norden – über die Straße, an der auch Ferramonti lag. Die Internierten hatten schreckliche Angst. Die Lagerleitung öffnete die Tore, damit sie ins nahe Ackerland fliehen konnten. Zurück blieben nur die Alten, die Kranken und der Geistliche des Lagers. Am Eingang hissten sie die gelbe Flagge. Sie bedeutete: Hier herrscht Cholera. Die Deutschen verschonten das Lager. Die Bauern in ihren Hütten auf dem Land indes öffneten den Internierten die Türen: „*Favorite!*", sagten sie, kommt herein! „Sie teilten mit ihnen das Wenige, das sie hatten", sagt Ameruso.

Als Corbelli und Regionalpräsident Oliverio ihn Ende 2014 wegen des Friedhofs kontaktierten, sagte Ameruso, gerade Bürgermeister geworden, zu seiner Administration: „Auch wir müssen in dieser Situation eine Wahl treffen." Zu jener Zeit war in Italien eine feindliche Stimmung gegen Flüchtlinge aufgekommen. Die Administration beschloss, einen Teil des ohnehin geplanten Friedhofs für den Gedenkfriedhof bereitzustellen. Auch das hatte Tradition: Wer in Ferramonti starb, etwa an Malaria, wurde auf dem Friedhof von Tarsia begraben.

Ameruso spricht davon, auf „der richtigen Seite der Geschichte" zu stehen. „Ich bin seit 15 Tagen Vater", sagt er. „Ich schaue meinem Sohn in die Augen und kann ihn nicht zu Hass erziehen. Ich kann ihm nicht sagen, dass der andere eine Gefahr ist. Ich werde ihm beibringen, dass er eine Ressource ist." Man befände sich in einer hässlichen Phase der Geschichte. Auch deshalb sei der Friedhof so wichtig. „Wir müssen hier ein Licht anzünden, nicht ausmachen", sagt Ameruso. „Wenn wir es ausmachen", fürchtet er, „stürzt die gesamte Menschlichkeit in Europa."

Am Anfang sei es nicht einfach gewesen, sagt Corbelli. Nicht jeder im Dorf war für den Friedhof. Aber der Bürgermeister sprach mit seinen Leuten, erklärte ihnen, was es damit auf sich hat. Heute seien sie einverstanden, ja, sogar stolz.

Läuft man durch den Ort, ist die Lage nicht ganz so eindeutig. Tarsia – drei Supermärkte, drei Kirchen, fünf Bars, zwei Tabakläden, eine Pizzeria im Ortskern, ein Imbiss auf der zentralen Piazza – ist wunderschön gelegen, mit Blick auf Hügel voller

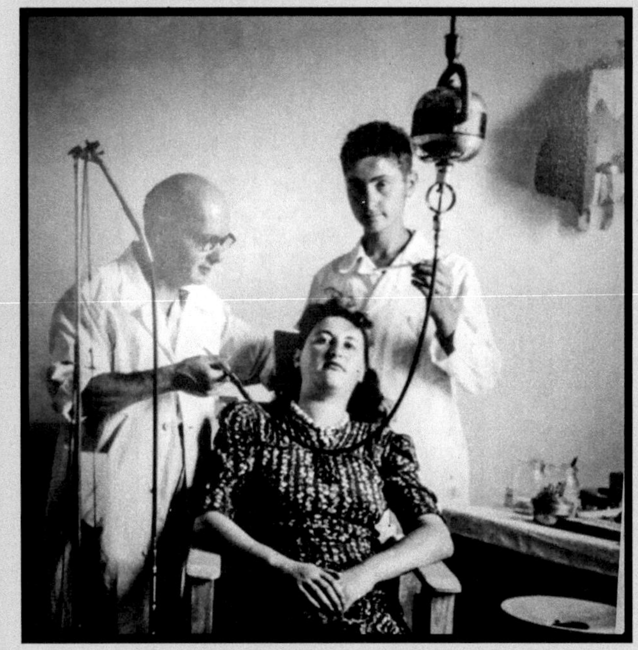

Sogar Hochzeiten gab es in Ferramonti. Es wurden mehr als 20 Kinder dort geboren. Die Internierten, unter ihnen viele Gebildete, betrieben eine eigene Krankenstube

Olivenhaine, den See, den Fluss Crati. Aber es ist einstweilen auch ein Druck auf die Seele. Viele Häuser in der Altstadt stehen leer, von den Fassaden blättert Putz. Viele erste Gespräche im Dorf beginnen damit, dass es keine Arbeit gibt, *zero*, null.

„I poveri morti vicino ai poveri vivi“, sagt Domenico Francesco, genannt Don Ciccio, am Morgen in einer Kaffeebar, die armen Toten neben die armen Lebenden. Don Ciccio ist 82 Jahre alt, früher war er Unternehmer, heute ist er Pensionär, wie viele im Ort. Er finde die Idee gut, sagt er später. Auch wenn viele sich fragen, was es soll, weil ein Friedhof Geld kostet und keines bringt. „Diese Menschen haben doch Familien. Warum nehmen sie nicht das Geld, um die Toten nach Hause zu schicken?“, sagt Stefania, der der Imbiss auf der zentralen Piazza gehört, Mutter dreier Kinder. „Damit ihre Familien sie bei sich begraben können und beweinen.“ Das sei es doch, was man sich wünsche, wenn man jemanden verloren habe, den man liebt. Und herkommen, um hier zu trauern? Das könnten sie sich doch niemals leisten.

accendere una candela

„Wenn sie den Friedhof aus Barmherzigkeit bauen“, sagt eine Frau, die bei ihr zu Gast ist, „ist es eine wunderschöne Sache.“ Aber sie habe Zweifel. Sie lebe in Kalabrien, sie hätten schon vieles erlebt. Sie fürchtet, dass es um finanzielle Interessen geht oder um politische. Aber es ist keine Kritik am Bürgermeister. Ameruso sei *di buona fede*, guten Glaubens, sagen sie.

Er finde die Idee gut, sagt ein ehemaliger Landwirt, der mit seiner Frau und der albanischen Schwiegermutter auf einer Piazza sitzt. „Sie sind Menschen wie wir.“ Andere fragen: „Wann geht es denn jetzt los?“ Schon oft hieß es, die Bauarbeiten würden bald beginnen. Ende Januar 2016, im April 2017, im Januar 2018. *Con assoluta certezza*, mit absoluter Sicherheit, in den ersten Tagen im Mai 2018, sagte Corbelli dem „Quotidiano del Sud“. Beim Treffen im Rathaus Mitte Juli 2018 sagt er: „Ende des Monats *assolutamente* sollten wir anfangen!“

Corbelli möchte, so ist auch in der Presse zu lesen, den Toten mit dem *Cimitero Internazionale dei Migranti* ihre Würde zurückgeben. Er hofft, dass Angehörige eines Tages Blumen an den Gräbern niederlegen können. Er hofft auf Staatsgäste, Schulklassen und den Papst. Und er möchte den Friedhof „Aylan Kurdi“ nennen, nach dem syrischen Jungen, der tot an der türkischen Küste angespült wurde.

Das zweite Treffen im Rathaus sagt Ameruso ab. Er hat Halsschmerzen und Fieber. Stattdessen kommt Projektingenieur Donato D'Anzi dazu. Corbelli und er breiten den Plan für das knapp 30 000 Quadratmeter große Gelände aus. Die Olivenbäume werden bleiben, erzählen sie. Es soll eine Ausstellung geben, mit Bildern von Flüchtlingsbooten, eine Kapelle, einen Bereich mit Gräbern für die Tarsianer und einen für die Flüchtlinge – beide miteinander verbunden. Es soll Plätze zum Beten geben und einen Weg, der sich „ultimo sguardo“ nennt, der letzte Blick. Er führt dorthin, wo die Sonne untergeht.

Rund vier Millionen Euro soll der Bau schätzungsweise kosten. Er werde Stück für Stück realisiert. Ab einem Betrag von einer Million Euro könnten sie die ersten Körper bestatten. Die Region habe bereits eine Summe von 240 000 Euro

Ernesto machte eine Schneiderlehre und zog dann in die Schweiz, wo er in einer Möbelfabrik arbeitete. Heute betreibt der Kommunist in Tarsia einen Schneiderladen

bereitgestellt. Davon wollen sie das Gelände kaufen und den Boden für den Friedhof bereiten. Ein Teil des Baus soll sich später auch selbst finanzieren. Außerdem hoffen sie auf Spenden und Unterstützung der EU.

„Von uns aus könnte es morgen losgehen", sagt Corbelli. Das Einzige, was fehle, sei die erste Zahlung aus Rom. Da die Region das Geld nicht direkt überweisen darf, läuft der Kredit über die römische Cassa Depositi e Prestiti. Fragt man Corbelli, wieso es so lange dauert, stöhnt er über die Bürokratie. Dabei hätten sie alles beisammen: die Baufirma ausgewählt, das Anti-Mafia-Zertifikat eingeholt, alle Autorisationen besorgt. Jetzt sei es nur noch eine Frage von Tagen.

essere di buona fede

Drängt man Corbelli in die Ecke und fragt, wie er es, wie angekündigt, schaffen wolle, bis Ende des Jahres mit dem Bau fertig zu sein, hebt er irgendwann die Arme. „Ich lege da ein wenig Optimismus hinein", sagt er. Wenn er den nicht hätte, würde dieser Bau nie realisiert. Als Corbelli gerade nicht dabei ist, sagt der Ingenieur: „Er nimmt sich die Sache sehr zu Herzen. Er schläft nicht mehr. Und ruft uns Tag und Nacht an."

In der Via Umberto sitzt Donna Lina, eine der Eigentümerinnen des designierten Friedhofsgeländes, auf einem mehrfach geflickten Stuhl in ihrem Tabakladen. Ihren Kunden schenkt sie Karamellbonbons. Don Natale, dem Pfarrer von Tarsia, küsst sie, als er vorbeikommt, die Hand – er möge verzeihen, dass sie nicht zur Messe komme, fleht sie. Sie müsse in ihrem *tabacchino* bleiben. Gerade jetzt, wo ihr Mann nicht mehr lebe. Donna Lina, knapp 1,50 Meter groß, schwarzes Kleid, funkelnde Augen, verrät ihr Alter nicht, aber sie zählt zu den Ältesten im Dorf. Einst war sie „Miss Tarsia", noch heute malt sie sich täglich die Lippen rot. Sie kenne fast niemanden im Dorf, sagt sie, voller Stolz: „Seit dem Tag meiner Hochzeit hat mein Mann mich nicht mehr allein rausgelassen. So eifersüchtig war er!" Es war eine große Liebe, sagt sie. Sie war glücklich mit ihm und den Kindern, beide längst Ärzte und nicht mehr im Ort. Stiller wird Donna Lina nur, wenn es um den Friedhof geht. „Dieses Dorf", sagt sie, sie überlegt, „ist eher arm als reich. Statt eines Friedhofs ..." Sie hält inne. „Warum bauen sie nicht ein Schwimmbad? Ein kleines Restaurant?" Damit die jungen Leute arbeiten können. Etwas Schönes: „Damit die Menschen lachen und nicht weinen."

Die Bewohner von Tarsia könnten unterschiedlicher nicht sein. Und doch gibt es etwas, das sie alle eint: Sie lächeln, wenn sie von Ferramonti erzählen. „In Ferramonti waren auch Chinesen", erzählt Don Ciccio. Eine Gruppe Kaufleute, verhaftet, weil sie Kommunisten waren. „Wir sind immer weggelaufen, wenn wir sie gesehen haben", sagt er und lacht. „Es hieß: Chinesen essen Kinder." Auch erinnert er sich noch, wie sein Vater ihn packte, als er sich tief in die Hand geschnitten hatte. Sie fuhren ins Lager, wo ein jüdischer Arzt ihm die Wunde nähte. „Es waren gute Leute", sagt Don Ciccio. Zwischen den Tarsianern und den Internierten entstand eine Art Warentausch. Die Tarsianer hatten Brot, Pasta, Eier, Mehl, die

Fragt man Roberto Ameruso, warum er Bürgermeister werden wollte, zitiert er Martin Luther King: „I have a dream." Er fühlt sich Tarsia, wie auch dem Süden, sehr verbunden

Internierten Bonbons, Schokolade, Bildung, manche Geld. Durch die Kontakte entstanden Verbindungen, Freundschaften. Und die Wachen taten, als würden sie von alldem nichts mitbekommen. „Ferramonti war in Tarsia so etwas wie ein Wunder", sagt Mario Rende. Er hat ein Buch über Ferramonti geschrieben. Es habe damals eine Art Übereinkunft gegeben, erzählt er. Der Direktor Salvatore sagte: „Ihr könnt tun, was ihr wollt, solange es für uns nicht gefährlich ist."

Manchmal lud Salvatore die Kinder des Lagers in sein Auto, fuhr nach Tarsia und kaufte ihnen Eis. Manche Tarsianer fuhren auch gern nach Ferramonti, „weil es da nette Mädchen gab". Mit den Appellen nahm man es dort auch deshalb nicht so genau, weil die Wachen die Namen der ausländischen Internierten nicht aussprechen konnten. Irgendwann fragten sie nur noch: „Seid ihr alle da?"

Es sei eher neu, dass so viel über Ferramonti gesprochen werde, sagt Stefania vom Imbiss auf der Piazza. Auch das Gedenkmuseum gibt es erst seit 2004. Die Leute aus dem Dorf hätten damals gar nicht gewusst, wie es anderswo in Konzentrationslagern zuging, glaubt sie. Sie hätten ihr Verhalten auch nicht für etwas Besonderes gehalten. „Ich glaube", sagt Stefania, „sie dachten einfach, es sei normal."

Jeden Tag kocht sie das Essen für eine der Flüchtlingsunterkünfte im Dorf. Etwa 50 Afrikaner leben in Tarsia. Am Anfang gab es Leute, die sie fragten: „Warum bringst du denen Essen?" Stefania sagt: „Unsere Großeltern sind doch selbst weggegangen." Auch aus Kalabrien gab es immer wieder Wellen der Emigration, viele Häuser in Tarsia – gebaut von dem Geld, das Auswanderer heimschickten – zeugen davon. Manchmal erinnern die Träume der Flüchtlinge sie an jene, die auch die Leute aus Tarsia hatten.

Über den Platz vor dem Rathaus läuft Ernesto. „Kommt rein", sagt er und bittet in seinen Schneiderladen. Am Eingang hängt ein Porträt von Che Guevara. In den Regalen seines Ladens, zwischen den Kleidern, liegen Bücher. „Ich bin Kommunist!", sagt er stolz. Ernesto ist 72. Seine Lehre machte er als Jugendlicher bei einem Faschisten und stritt mit ihm, jeden Tag. Später arbeitete er 30 Jahre in einer Möbelfabrik in Bern. Mit den Flüchtlingen im Ort laufe es gut, sagt er. Manchmal kommen sie vorbei, um eine Jeans kürzen zu lassen. Er lässt sie dann nur ganz wenig bezahlen, manchmal nichts. „Die Merkel", sagt Ernesto, „finde ich gut. Erstens: Sie ist keine Rassistin." Er kichert: „Und zweitens: Sie kommt aus der DDR."

Am Abend sitzt Konate vor Stefanias Imbiss. Er kommt aus Guinea, ist 26 Jahre alt und nennt sich beim Nachnamen – den können die Italiener besser aussprechen. Heute gehe es ihm gut, sagt er, aber der Weg hierher war die Hölle. Eigentlich wollte er nicht nach Europa. Sein Aufbruch war zu Teilen ein Missverständnis. Sein Vater, dreifach verheiratet, 20 Kinder, starb an Ebola. Als Leute kamen, um das Haus zu desinfizieren, und seine Familie ins Krankenhaus sollte, um sich testen zu lassen, sagte er: „Ich gehe nicht mit. Ich will nicht sterben." „Es ist Pflicht", sagte die Mutter. Konate verschwand. Er flüchtete, weil er dachte, sie hätten seinen Vater umgebracht. Weil er dachte, die Chlorlösung würde sie töten. ➢

Konate ist 26 Jahre alt und kommt aus Guinea. Sein Weg nach Europa war die Hölle, sagt er, der längst gut Italienisch spricht. Den Gedenkfriedhof findet er eine schöne Idee

So erzählte man es sich auf der Straße in Conakry. Konate hatte kein Ebola. Aber es gab noch einen Grund, weshalb er nicht kehrtmachte: In der Autowerkstatt, die er mit seinem Vater betrieben hatte, verdienten sie kaum Geld. Er wollte versuchen, Arbeit zu finden, um seiner Mutter zu helfen. In Algerien, hatte er gehört, gab es welche.

In der Wüstenstadt Kidal in Mali geriet er in die Hände von Dschihadisten. Sie brachten ihn und gut 40 andere in die Wüste. „Wer von euch ist Muslim?", fragten sie und zwangen eine junge Frau, sich nackt auszuziehen und zu beten. Die jungen Männer mussten sich vor sie stellen und sie ansehen. Niemand durfte den Kopf senken, niemand die Augen schließen. „Wer eine Erektion bekommt", sagten die Dschihadisten, „den bringen wir um." „Ich hatte Glück", sagt Konate. Ein junger Mann von der Elfenbeinküste und einer aus Mali mussten ein Loch in den Boden graben, bevor die Dschihadisten sie köpften. Danach durften alle anderen gehen. „Wir konnten nichts tun", sagt Konate. „Es gab niemanden, der uns half."

In Algerien fand er einen Job. Jeden Donnerstag wurde er ausbezahlt, jeden Donnerstag auf dem Nachhauseweg fing eine Bande ihn ab und nahm sein Geld. Seinem Chef war es egal. Die Polizei konnte er nicht rufen. Er hatte keine Aufenthaltsgenehmigung. Nach acht Monaten Arbeit hatte Konate keine 20 Euro. Zu seiner Mutter sagte er: „Ich gehe nach Europa." Sie weinte: „Ich will nicht, dass du stirbst." Vier Monate war Konate in Libyen, fünfmal im Gefängnis. Konate wurde erpresst und geschlagen, aber er konnte fliehen. Übers Meer kam er, obwohl er kein Geld hatte. „Steig ein, Bruder", sagten ein paar Jungs, die ein Boot fertig hatten. Noch in der selben Nacht brachen sie auf. 119 Leute in einem Schlauchboot, Richtung Italien. Einer hatte einen Kompass dabei.

Am nächsten Morgen wurden sie gerettet. Ein Militärschiff brachte sie nach Sizilien. Das Benzin und das Meerwasser hatten Konate die Haut verbrannt. Als es ihm besser ging, setzten sie ihn in einen Bus nach Tarsia. Jetzt wartet er auf seine Aufenthaltsgenehmigung. Er hofft, dann arbeiten zu können. Über den Friedhof für die verunglückten Flüchtlinge sagt er: „Ich finde, es ist eine schöne Idee. Sie retten uns, wenn wir auf dem Meer sind. Und selbst wenn wir gestorben sind und keine Bedeutung mehr haben, ziehen sie es vor, uns zu beerdigen, als uns den Fischen zu überlassen."

Am nächsten Tag ist der Bürgermeister immer noch krank, er kommt trotzdem zum Termin. Mit heiserer Stimme erzählt er von einem jungen Mann aus Ghana, der vor Jahren in Tarsia lebte, ein Fußballtalent. Inzwischen ist er in Deutschland, wo er eine Frau hat und einen Sohn. Einmal brachte er den Sohn nach Tarsia. Er wollte ihm zeigen, an welchem Punkt in seiner Geschichte er sagen konnte, dass es „ein Leben" war und nicht Unsicherheit oder Überlebenskampf. Es mache ihn stolz, sagt Ameruso, dass es Tarsia war.

Die Kommunen in Kalabrien würden viel für die Integration tun, sagt er. Und erzählt von Austauschprogrammen, die sie mit Argentinien, Chile, Portugal pflegen. Es gehe unter anderem darum, zu lernen, wie man mit der Arbeitslosigkeit in kleinen Kommunen umgehe. Ameruso spricht von erneuer-

Tarsia ist hübsch gelegen und pittoresk, doch viele Häuser in der Altstadt stehen leer, von den Fassaden blättert Putz. Wie im ganzen Süden ziehen auch aus Kalabrien die Jungen weg

baren Energien, Tourismus, Landwirtschaft und einem wieder erwachenden Selbstbewusstsein. Früher habe man in Kalabrien geglaubt, ihr Olivenöl sei nicht gut. Dabei stimme es nicht. Heute würden sie sich dieser Dinge wieder ermächtigen.

Dieser Landstrich, sagt er, habe ein großes Bedürfnis nach Befreiung. Alles in seiner Heimat habe einen starken Geschmack. Die Ungerechtigkeit ebenso wie der Gerechtigkeitssinn. Es gebe hier die ehrlichsten Leute. Menschen, die mit offenem Visier gegen die 'Ndrangheta kämpfen – für ihn die mutigste Sache, die es gibt. Er sage seinen Leuten immer: „Wir sind arm, aber wir sitzen auf Gold."

camminiamo tutti insieme

Der Friedhof werde kommen, sagt er. Er glaube daran. Hier habe etwas begonnen, das nicht aufzuhalten sei. Sie hätten viel Unterstützung bekommen. Außerdem böten sie auch eine Lösung für ein Problem, das überall existiere: In den meisten Gemeinden seien die Friedhöfe voll. Immer wieder, wenn Schiffe kommen, wüssten sie nicht, wohin mit den Toten.

Am Sonntag, zur Messe, ist die Chiesa dei Santi Pietro e Paolo, die große Kirche von Tarsia, gut gefüllt. Auch einige Flüchtlinge sind gekommen. Padre Natale spricht an diesem Morgen von Mitgefühl. *„Camminiamo tutti insieme"*, zitiert er Jesus. „Wir gehen diesen Weg alle gemeinsam." Heute scheine der Weg des Lehrens vorbei zu sein, sagt er. Viele Eltern gäben diese Aufgabe an den Fernseher ab, an die Mobiltelefone, die Schulen. Das sei nicht richtig. Selbst wenn Jesus den Menschen nichts Materielles gab, so habe er sie doch die wichtigste Lektion gelehrt: „Wir hören einander nicht mehr zu", sagt Padre Natale. „Jesus hat zugehört."

Inzwischen ist es Februar 2019. Der Beginn der Bauarbeiten zog sich hin. Corbelli kämpfte weiter. Zwei Tage vor Weihnachten 2018 dann begannen die ersten Maßnahmen. Wann der Gedenkfriedhof ganz fertig sein wird, lässt sich noch nicht sagen. Vielleicht kommt es aber auch auf etwas anderes an.

In seinem Schneiderladen, unter einem Fenster, hat Ernesto Fotos angebracht, Postkarten, einen Kalender und einen Brief. Er stammt von einem Überlebenden eines KZs und ist an einen Universitätsprofessor gerichtet. Der Überlebende berichtet in seinem Brief von Gaskammern, gebaut von Ingenieuren; von Kindern, vergiftet von Ärzten; von Säuglingen, ermordet von Pflegern. Er misstraue daher der Bildung, schreibt der Überlebende. Und appelliert an den Professor, er möge seinen Zöglingen helfen, Menschen zu werden und nicht gebildete Monster, qualifizierte Psychopathen oder gelehrte Eichmanns. Er habe den Brief dort hingehängt, sagt Ernesto, „um sensibel zu bleiben für diese Dinge".

Andrea Walter, Jahrgang 1976, kam an einem Julinachmittag in Tarsia an, das wie ein Geisterdorf wirkte. Alle hatten sich vor der Hitze zurückgezogen. Später öffneten sich die Türen wieder. Gerade so, wie die Dorfbewohner sich nach und nach öffneten, je länger Walter und Fotograf Francesco Zizola vor Ort waren. Zizola, Jahrgang 1962, ist Mitbegründer der Agentur Noor und lebt in Rom.

Höchste Potenz, von oben gesehen

Die erhabene Ansicht der Natur in Andreas Gurskys irrealen Meeresfotografien hilft uns, unsere Selbsterfahrung zu bewahren

Von Larissa Kikol

Kunstwerke wollen wirken. Entweder auf der intellektuellen oder auf der emotionalen Ebene. Sie können gesellschaftliche Reflexionen, politische Fragen oder historische Informationen transportieren oder aber ein Gefühlskonvolut von Sehnsüchten, Harmonien bis zu Unwohlsein und Aufgeregtheit erzeugen. In der Kunstrezeption ist beides gleichwertig. Wichtig ist, dass das Werk etwas im Betrachter auslöst. Manche Künstler stimulieren mit ihren Arbeiten auch beide Reaktionsbereiche, den Geist *und* das Gefühl. Nicht immer, aber oft wird diese Stimulation durch das Erhabene erreicht. Gemeint ist damit eine Art schauerlichen Staunens, das am Anfang steht und sich dann in ein positives Gefühl des Schönfindens und der Selbstbehauptung auflöst.

Ein typisches Beispiel aus der Philosophie des 18. Jahrhunderts ist das weite Meer oder das Gewitter. Beide Naturkräfte stellten eine physische Gefahr dar. Ein Blitzeinschlag kann Feuer in Häusern und Scheunen entfachen und schließlich tödlich für Mensch und Vieh enden. Parallel zu Forschungen über Blitzableiter trugen auch Philosophen dazu bei, das Gewitter in Schach zu halten. Das Prinzip: Steht der Mensch in sicherer Entfernung zum Gewitter, kann er den physisch bedrohlichen Aspekt überspringen. Größe und Macht des Gewitters nimmt er ehrfürchtig und staunend wahr, um dann zu einem fast genießerischen Lustmoment der Reflexion zu gelangen. Zwar bleibt der Mensch der Naturgewalt körperlich unterlegen, nicht aber sein Geist.

Die menschliche Einbildungskraft, die die fremde Größe erkennt, muss ebenfalls groß sein, um sie (ästhetisch) wahrnehmen zu können. Die eigene Seelenstärke erwächst in der schauerlich lustvollen Betrachtung der physischen Naturstärke. Der Geist selbst wird erhaben.

In die Malerei schlug die Idee der Erhabenheit ebenfalls ein wie ein Blitz. Viele Künstler entwarfen Landschaften, die dem Menschen zu diesem erhabenen Gefühl verleiten sollten. Einer von ihnen war der Engländer Briton Rivière. Im Jahr 1890 malte er ein Eisgebirge in einem festlichen, gelb-bläulichen Sonnenuntergangslicht. Auf einem Gipfel steht ein Eisbär, der majestätisch in die Ferne sieht. Der Betrachter ist von diesem für den Menschen unwirtlichen Ort ausgeschlossen. Dennoch kann er geistig die Macht und Kraft der Eisberge und des anmutigen Raubtiers begreifen und rezeptiv für sich nutzen, ähnlich wie bei der Betrachtung eines fernen Gewitters.

Erhabene Naturdarstellungen haben auch in der gegenwärtigen Kunst nichts an Aktualität oder Wirkungskraft verloren. Der Fotograf Andreas Gursky reiht sich mit seiner gefeierten „Ocean"-Serie in diesen Topos ein. Er sammelte Satellitenbilder aus dem Internet, die Küstenregionen und Meere zeigten. Es sind Ansichten, wie man sie auch bei Google Earth findet. Aus diesen Bildern setzte er eine Landschaft am Computer zusammen. In der Mitte stets ein Meer, vom Bildrand reichen Zipfel von Landmassen hinein, dargestellt sind der Indische Ozean, der Atlantik, der Pazifik und das Südpolarmeer.

Geografische Korrektheit hielt Gursky nicht ein, je nach Komposition verrückte er ein Land auch mal um hundert Kilometer weiter nach rechts oder links, mal nach oben oder unten. Seine mehrere Meter großen Fotodrucke sind künstlerische Interpretationen der Weltraumperspektive auf unsere Meere. Doch nicht nur die Länder, auch die Meere selbst sind nicht naturalistisch. Gursky bearbeitete die Wassermassen, fügte neue hinzu und veränderte die Farbigkeit. Über die richtigen Blautöne, die tief, gefährlich und imposant erscheinen sollten, dachte der Künstler lange nach, besprach sie auch mit seinem Vater, einem früheren Werbefotografen.

Gursky ist bekannt für seine Bilder, die real erscheinen, aber ihre surrealistische Aura durch die Nachbearbeitung am Computer erhalten. So entstehen zum Beispiel Landschaftsaufnahmen ohne perspektivische Verkrümmung an den Seiten, einfach weil er mehrere En-face-Bilder aneinanderreiht. Somit erzeugt er ein Gefühl von Unendlichkeit und Monumentalität. Auch die Meere wirken auf Gurskys Bildern monumental, in ihrer Tiefe, ihrer blauen Herrschaftsfarbe und ihrer Unwirtlichkeit: ein prachtvoller Nichtlebensraum für den Menschen. So entsteht auch hier wieder das Gefühl von Erhabenheit, von emotionaler und geistiger Kunstwirkung.

Doch wie genau? Anstelle einer Meereslandschaft aus der Sicht eines Menschen darzustellen, der an einem sicheren Strand steht, schaut der Betrachter auf Gurskys Meere gewissermaßen aus freiem Fall, also von oben aus dem Weltraum. Die Meeresmasse als zentrales Motiv, das den mit Abstand größten Teil des Bildes einnimmt, zeigt kein Meer, das man aus seinem Strandurlaub kennt, kein Meer, das Touristen zum Erholen oder zu Funsportarten einlädt.

Gurskys Meer ist kalt, tief und für den Menschen tödlich. Der Betrachter fühlt sich zunächst körperlich unterlegen und klein. Andererseits, durch den sicheren Abstand, kann er die Macht dieser Natur ästhetisch in einer Mischung aus Schauer und Schön-

Gurskys Meer ist kalt, tief und für den Menschen tödlich. Der Betrachter fühlt sich körperlich unterlegen und klein. Andererseits, durch den sicheren Abstand, kann er die Macht dieser Natur ästhetisch in einer Mischung aus Schauer und Schönheit, aus Ehrfurcht und Faszination, aus Staunen und geografischem Wissen wahrnehmen.

heit, aus Ehrfurcht und Faszination, aus Staunen und geografischem Wissen wahrnehmen. Hier bedingen anfängliche emotionale Reize eine kognitive Neugier. Die Perspektive aus dem Weltall ist schon selbst eine erhabene – die Betrachterposition ist gottesgleich. Hinzu kommt der kognitive Transfer dieser Bilder in den Kunstkontext, das heißt, dass der gefährliche Ozean auf der sicheren Metaebene der bildenden Kunst interpretiert werden kann. Schließlich kann ein Käufer das Werk mit nach Hause nehmen und es besitzen.

Gurskys Arbeiten erzielen auf Auktionen mehrere hunderttausend bis über eine Million Euro; diese hohen Preise haben ihren eigenen Charakter. In aktuellen Debatten wird der Akt des Kunstkaufs in solch hohen Preisligen schon selbst als erhabener Moment interpretiert. In diesem Fall bedeutet das: Der Käufer überspielt durch seine Kaufkraft seine persönliche menschliche Unterlegenheit in Anbetracht des realen Ozeans.

In Gurskys sechsteiliger „Ocean"-Serie ist aber noch ein anderer Aspekt angelegt. Im Unterschied zu vorherigen Jahrhunderten wird gegenwärtig das erhabene Gefühl auch dazu genutzt, auf den Umweltschutz aufmerksam zu machen. Zwar arbeitet Gursky nicht mit Appellen und klaren ökologischen oder sozialen Absichten, dennoch lässt sich der Umweltschutzgedanke in einer gegenwärtigen Lesart nicht ausklammern.

Wollen Umweltschutzorganisationen entsprechende Bilder generieren, sehen sie sich folgendem Problem ausgesetzt: Wie kann die Idee des Umweltschutzes visualisiert werden? Wie bringt man Menschen dazu, sich zu engagieren, auch wenn sie die Folgen ihres Engagements nicht direkt sehen oder erleben können?

Greenpeace zum Beispiel ging eine Kooperation mit dem Pianisten Ludovico Einaudi ein. Auf einem schwarzen Flügel spielte er im Eismeer der Arktis, während vor ihm Eispartien von den Gletschern abfielen. Die Performance wurde als Video verbreitet; sie sollte zum Schutz der Arktis motivieren. Ganz deutlich werden hier Theorien zum Erhabenen erneuert. Die Klaviermusik unterstreicht die Landschaftskulisse nicht nur, sie verleiht den Eisbergen eine wirkungsvolle Stimme, das menschliche Zutun erhöht ihre sinnliche Erscheinung.

Der Philosoph Martin Seel spricht von der Ästhetik des Erhabenen als einem affektiven Zurückgeworfensein auf den eigenen Standpunkt. Der Betrachter des Videos sieht die Unheimlichkeit und Bedrohlichkeit dieses für den Menschen unwirtlichen Ortes, es herrscht eine kurze Bedeutungsleere des eigenen Daseins vor. Die Präsenz des Pianisten, also die „übernatürliche" Leistung des Künstlers, dort Kunst zu schaffen, ist die erste Hilfestellung, diese Leere zu einem dramatischen Genuss zu überführen. Wie schon in der Aufklärung liegen in diesem Genuss erhabene Ideen; heute soll er zum Umweltschutz verleiten. Der Leere folgt die Bedeutungsfreiheit, der Mensch kann handeln, am Ende des Videos wird ihm auch mitgeteilt, wie: Er soll eine Internetpetition unterstützen. Dies ist die zweite Hilfestellung zur sublimen Wahrnehmung.

Zudem handelt es sich um eine wenig aufwendige Handlung, die aber durch die Videobilder zur Idee avanciert. Indirekt wird hier auf Immanuel Kants provokantes Diktum gesetzt: „Wer zum Erlebnis des Erhabenen nicht in der Lage ist, dem sprechen wir zwar nicht den Geschmack, aber das Gefühl ab." Der Mensch schütze folglich diese Landschaft aus dem (erhabenen) Gefühl heraus und um die damit einhergehende Selbsterfahrung zu bewahren. Die Ästhetik des Umweltschutzes ist hier eine Ästhetik von Natur, die durch einen künstlerischen Attraktionscharakter erhöht wird.

Das Erhabene dient als emotionaler, moralischer Köder für eine konkrete Handlungsanweisung für den Umweltschutz. Gursky fordert zwar nicht konkret zum Handeln auf, aber die erhabene Faszination kann beim Betrachten der „Ocean"-Bilder dazu führen, die Meere wieder als eigene Naturkraft wahrzunehmen, mit denen respektvoll umzugehen ist. Schließlich sind die Meere hier kein verniedlichter und gezähmter Ort für Touristen und Hochzeitspaare. Im Gegenteil: Gursky zeigt den Ozean als Potenz, als obersten Maßstab, dem sich der Mensch am ehesten durch emotionale und kognitive Rezeption ausliefern kann.

Larissa Kikol, geboren 1986, ist promovierte Kunstwissenschaftlerin, Autorin und Kunstkritikerin. Sie schreibt unter anderem für die „Zeit" und das Kunstmagazin „Art". Kikol forscht zur Naturrezeption in der Kultur- und Kunstgeschichte, außerdem beschäftigt sie sich mit Bildern des Meeres in Literatur, Werbung, Kunst und Medien. Zu ihrem Bedauern wuchs sie nicht am Meer auf, „aber wenigstens in der Nähe eines Wellenbads".

Bauhaus on the Beach

Kep-sur-Mer galt als das Saint-Tropez von Kambodscha, doch von Indochinas Sommerfrische blieben nur noch grün umrankte Ruinen – ein modernistisches Angkor Wat, wie von Gropius entworfen

Von Justus Krüger

PALMEN AM MEER", SO HEISST eine Platte mit Kompositionen des kambodschanischen Königs Norodom Sihanouk. Der VEB Deutsche Schallplatten und das Rundfunk-Tanzorchester Leipzig nahmen sie 1968 auf. Fürst Sihanouk, so heißt es auf der Rückseite der Plattenhülle, „ist nicht nur ein hervorragender Politiker, auch als Künstler ist er hervorgetreten. Sein Wirken als Komponist unterhaltender Musik, vorzüglicher Pianist und Dirigent ist ebenso international bekannt wie sein Schaffen als Schriftsteller, Drehbuchautor, Schauspieler und Filmregisseur". Die tanzbarste Nummer auf „Palmen am Meer" ist das letzte Stück auf der Platte: „Beauté de Kep", die Schönheit von Kep.

Kep-sur-Mer war das Lieblingsprojekt des Königs. Hier, am Golf von Thailand an der Südküste Kambodschas, wollte er dem süßen Leben einen Ort verschaffen, wie er ihn bis dahin nur von der Französischen Riviera kannte. Mehrere Königspaläste ließ er in Kep erbauen und ermunterte die Reichen und Schönen Kambodschas, ihre Sommerhäuser in seiner Nachbarschaft zu errichten.

Ein weißer Sandstrand wurde aufgeschüttet und eine Promenade angelegt, die sich zwischen der Brandung und den von altem Urwald bestandenen Hügeln an der Küste entlangschlängelt. Im Zentrum der Stadt: ein Casino am Meer, in dem jeden Abend eine Jazzkapelle leichte Tanzmusik zum Besten gab, während sich draußen die Fischerboote auf den Wellen wiegten.

Norodom Sihanouk beschäftigte sich auch gern mit Ballett und Theater und griff nicht selten selbst zum Mikrofon, um seine eigenen Kompositionen vorzutragen. So vergnügten sich der König und seine Gefolgschaft in der Scheinwelt rund um die Paläste und das Casino in Kep, während sich die dunklen Wolken über Kambodscha zusammenzogen – fast so, als verstünde man nicht, warum das Volk nach Brot verlangt, wenn man doch auch Kuchen essen kann.

Kep-sur-Mer galt schon seit den 1920ern als Saint-Tropez Südostasiens. Französische Kolonialbeamte hatten das pittoreske Strandbad zu ihrem liebsten Feriendomizil erkoren. Aber seit der Unabhängigkeit 1953 blieben die Stammgäste fern. An ihrer Stelle ließen sich nun reiche kambodschanische und chinesische Geschäftsleute, Politiker, Filmstars und Popsänger samt Familie und Tross in Kep nieder.

Sogar ein Bahnhof wurde erbaut – unerhört für die damaligen Verhältnisse in der Gegend –, und wer nicht den Zug nehmen mochte, legte die 160 Kilometer von Phnom Penh in das Städtchen im Cadillac oder im Austin-Healey zurück. Catherine Deneuve kam vorbei, und das Gerücht will, dass Marguerite Duras längere Zeit hier in Kambodschas mondäner Sommerfrische verbrachte.

König Sihanouk war ein Playboy – und Kep sein Lieblingsprojekt

So kam es, dass zwischen 1953 und 1968 die hauchdünne Elite Kambodschas sich von den führenden Architekten des Landes in Kep-sur-Mer ihre Villen bauen ließ. Nicht selten waren es eigenwillige Experimente, inspiriert vom Bauhaus, aber auch vom Brutalismus und von Le Corbusier, hineingebaut in den hügeligen Dschungel, im Halbkreis um das Casino an der Küste. Geradezu einen Boom der kleinstädtischen Bauwirtschaft gab es: In wenigen Jahren entstanden gut 200 Villen in Kep-sur-Mer.

Der Plan war, kurz gesagt, etwas aus Kambodscha zu machen. Bis dahin war das Land zwar vielleicht der malerischste, aber eben auch der verschlafenste Teil Französisch-Indochinas gewesen. Und obwohl Kambodscha ein kleines Land ist, das sich wirtschaftlich und seinem politischen Einfluss nach nicht mit den vietnamesischen und thailändischen Hegemonen in der Region vergleichen kann, so konnte es kulturell und technologisch, so hoffte es König Sihanouk wenigstens, mit seinen Modernisierungsbemühungen doch den Ton angeben.

Der sichtbarste Teil des großen Plans war die Architektur. Fürst Norodom Sihanouk rief eine Entwicklungspolitik ins Leben, zu der auch der Neubau ganzer Städte gehörte, außerdem Infrastrukturprojekte im ganzen Land, dazu die Umgestaltung der Hauptstadt Phnom Penh und sein Lieblingsprojekt, Kep-sur-Mer, die alte Sommerfrische der französischen Kolonialelite – nun sollte sie der neuen Elite des gerade unabhängigen Kambodschas als vornehmes Seebad dienen.

Sihanouk verstand es, die richtigen Leute für seinen großen Plan zu gewinnen. So berief er 1956 den kambodschanischen Architekten Vann Molyvann aus Paris zurück in die Heimat und ernannte den Le-Corbusier-Schüler, der im September 2017 in Paris starb, zum leitenden Planer seines Modernisierungsprojekts.

Das Besondere an Molyvanns Architekturauffassung war, dass er den Modernismus, den er in Paris kennengelernt hatte, mit Elementen traditioneller Baukunst in Kambodscha verband, zu einem Amalgam, das sich an die tropischen Gegebenheiten des Landes anpasste.

Lu Ban Hap war nach Vann Molyvann der zweite führende Architekt der kambodschanischen Erneuerung vor der Zeit der Roten Khmer. Während Vann Molyvann für die nationale Planung und große Einzelprojekte in Phnom Penh verantwort-

Der Aufstieg von Kep-sur-Mer begann mit französischen Kolonialbeamten

lich zeichnete, oblag Lu Ban Hap die Planung in der Hauptstadt. Und er hatte eine Verbindung nach Kep-sur-Mer.

Heute sind noch ungefähr 150 Ruinen übrig. Die Menschen, denen die Häuser gehörten, sind verschwunden. Wenn überhaupt jemand etwas über die Spuren der Menschen weiß, die Keps Villen erbauen ließen, so müsste es eigentlich Stéphane Arrii sein. Der Franzose hat vor ein paar Jahren eine der Villen gekauft, worin er heute ein Hotel betreibt. Die Gattin in der Familie der Bauherren, sagt er, habe ihre Kindheit in Kep-sur-Mer verbracht, schon vor dem Krieg. „Sie kannte den Ort ganz genau, das Klima, den Strand, die Tide, den Wald. Da fing sie an zu träumen, sich selbst ein Haus bauen zu lassen, ganz nach ihren Vorstellungen."

Ihr Gatte hatte in Paris als Arzt praktiziert, bis König Sihanouk ihn zum Chef der medizinischen Fakultät in Phnom Penh berief. Das Ehepaar wollte, dass Lu Ban Hap ihr Haus entwirft, der Stararchitekt aus der Hauptstadt. Der hatte bereits in Kep gebaut, nämlich sein eigenes Sommerhaus. Es war ein solcher Erfolg, dass andere Bauherren in Kep es als Modellhaus benutzten und nachbauen ließen. Aber von einem Musterhaus wollte das Ehepaar, das schließlich die Villa Romonea erbauen ließ, nichts wissen. Sie hatten ihre eigenen Vorstellungen. Darum mussten sie bis 1968 warten, bis Lu Ban Hap endlich Zeit für ihre Pläne hatte.

Dies ist die letzte Villa, die in Kep gebaut wurde", sagt Arrii. „Das Datum ist eigentlich bizarr. Damals war schon abzusehen, dass etwas passieren würde."

Die Form des Hauses ist von der eines Drachens abstrahiert. Der Rücken ist mit rechtwinkligen Erkern besetzt, wie Drachenschuppen, die schädliche Einflüsse abwehren sollen. „Die Gattin nahm Feng-Shui sehr ernst", sagt Arrii. Das ganze wurde nach Maß gebaut, mit großer Sorgfalt, bis ins letzte Detail, darum ist das Haus erst 1972 fertig geworden. Aber die Roten Khmer begannen schon vorher, sich durchzusetzen. „1970 war es schwierig, von Phnom Penh nach Kep zu fahren", sagt Arrii, „1971 war es gefährlich, man konnte nur noch in bewaffneten Konvois reisen. Und 1972 war die Reise unmöglich." Der Bürgerkrieg tobte da längst zwischen Phnom Penh und Kep.

In jenem Jahr 1972 schickten die Eheleute ihre beiden Kinder, einen Sohn und eine Tochter, nach Paris zu einer Tante. Sie selbst fühlten sich in Phnom Penh noch sicher; sie blieben. Beide starben in der Zeit der Roten Khmer. Die Gattin verschwand in den Kriegswirren; niemand hat je wieder von ihr gehört. Vom Ehemann heißt es, dass die Roten Khmer ihm die Tür eintraten, als er in seinem Privatkrankenhaus gerade mit einer Operation beschäftigt war. Er versuchte, die Eindringlinge aufzuhalten. Sie erschossen ihn, im Vorübergehen. ➢

Ein Strandrestaurant mit Umkleidekabinen

Die Roten Khmer haben die Villen kaum angetastet

Die Kinder in Paris wussten nicht, ob sie ihre Eltern je wiedersehen würden. Es gab keine Nachrichten aus Kambodscha. Sie hatten Heimweh, so sehr, dass sie begannen, zu zwei Vögeln zu sprechen, die sich hin und wieder auf dem Geländer ihres Balkons niederließen. Sie stellten sich vor, die Vögel seien ihre Eltern.

Offiziell war es mit der Herrschaft der Roten Khmer 1979 zu Ende. In Wirklichkeit dauerten die Rückzugskämpfe, Dschungelgefechte und nächtlichen Überfälle aus dem Busch noch bis spät in die 1990er an. Vor allem in Kep. Die vom Dschungel überwucherten Berge um das Städtchen am Meer waren bis zum bitteren Ende Rückzugsort für versprengte Khmer-Rouge-Truppen. Noch 1994 erschossen sie in Kep zwei französische Rucksacktouristen, die sich in der Gegend vergnügten.

Die Roten Khmer hatten die alten Villen kaum angetastet. Nur zwei von ihnen zerstörten sie. Die beiden Häuser gehörten Sirik Matak, dem früheren Premierminister, und seinem Innenminister Lon Nol, beides Erzfeinde der Roten Khmer. Inzwischen benutzte „Die Organisation", wie sich die revolutionäre Regierung nannte, das Drachenhaus als Fischlager.

Erst als die Roten Khmer den Krieg verloren und sich in den Dschungel zurückzogen, begann die Zerstörung der Villen von Kep. Die Bewohner der Stadt waren so verarmt, dass sie alles aus den Häusern herausrissen, was irgendwie einen Wert haben könnte. So zerschlugen sie die Wände, um an die Kabel zu kommen, des Kupfers wegen.

Obendrein machte das Gerücht die Runde, dass die reichen Leute, die aus ihren Villen geflohen waren, ihr Gold darin versteckt hätten. Eingemauert in einer Wand vielleicht, im Fundament versenkt, im Dachstuhl verborgen. So gab es in den 1990er-Jahren einen vom Hunger motivierten Goldrausch, der die Häuser schwer beschädigte. Seltsamerweise blieb das Drachenhaus von der Suche nach Kupfer und Gold verschont. Warum, das weiß niemand, wahrscheinlich purer Zufall.

Die Roten Khmer hatten den Grundbesitz in Kep, wie überall im Land, enteignet. In den 1990er-Jahren ergriff die neue Regierung Besitz von den verlassenen Villen in Kep und verteilte sie unter ihren Spezis. Diese hatten – und haben – kein Interesse an den Häusern. Sie interessieren sich für das Bauland und lassen die Häuser weiter verfallen. Hin und wieder kamen zwar die alten Besitzer oder ihre Nachfahren nach Kep. Aber man gab ihnen zu verstehen, dass sie besser nicht auf ihren Ansprüchen bestehen sollten.

Inzwischen war das Schicksal des Drachenhauses wieder einmal etwas glücklicher als das anderer Villen. Es wechselte 1997 den Besitzer und ging an den Milliardär Theng Bun Ma, einen der reichsten Männer Kambodschas. Er unternahm nichts weiter mit der Villa. Aber sein Prestige beschützte sie von nun an davor, doch noch späten Plünderungen zum Opfer zu fallen.

Zehn Jahre später, 2007, schmiss der damalige Kronprinz und heutige König von Kambodscha, Fürst Norodom Sihamoni, eine Party in Phnom Penh, auch der Sohn der Familie des Drachenhauses war inzwischen wieder in Phnom Penh. Er besaß glänzende Kontakte in der heimkehrenden Diaspora. Darum brauchte er sich um sein Auskommen keine Sorgen zu machen. Aus demselben Grund war er unter den

Das „Hôtel de la Plage", aus der Luft fotografiert

Gästen, als der Kronprinz feierte. Ein Ausflug nach Kep-sur-Mer gehörte zum Programm der Party. Gerade hatte, zum ersten Mal seit dem Bürgerkrieg, wieder ein elegantes Hotel am Strand von Kep eröffnet, das „Knai Bang Chatt". Es besteht aus drei alten Villen, die der neue Besitzer, Jef Moons aus Antwerpen, aufwendig restaurieren ließ. Auch den königlichen Segelclub gleich nebenan erweckte Moons zu neuem Leben.

Dorthin entführte der Kronprinz seine Gäste. Mit von der Partie war auch der Sohn der Familie aus dem Drachenhaus. Und genau an diesem Haus kamen die Segler auf ihrem Ausflug vorbei. Der Skipper war Stéphane Arrii, der die Villa wenige Monate zuvor gekauft hatte.

„Es war das erste Mal, dass er das Haus seiner Kindheit wiedersah", sagt Arrii. Bis dahin hatte er nicht gewagt, es zu besuchen. „Als wir daran vorbeisegelten, das war ..., sagen wir, sehr emotional", so Arrii. „Ich habe mich zuerst gar nicht getraut, ihm zu sagen, dass ich das Haus gerade gekauft hatte." Arrii hat die Villa inzwischen zu einem kleinen, sehr feinen Hotel umgebaut, die „Villa Romonea". Hin und wieder besuchen ihn die Kinder der alten Besitzer.

Kep hat sich im Lauf der letzten Jahre etwas normalisiert. Ein richtiges Städtchen gibt es dort zwar nicht mehr. Stattdessen gibt es eine neue Straße am Ufer und am Strand entlang. An dieser Straße liegen auch die beiden wichtigsten Orte Keps: die Bushaltestelle, für die Verbindung nach Phnom Penh, und die Fischhalle, ein knarrendes Gebäude aus altem Holz, an das die Wellen klatschen. Daneben beginnt eine Promenade mit Restaurants, und in die Hügel hinein haben sich einige Dutzend Hotels und Herbergen angesiedelt. Und natürlich, etwas abseits vom „Zentrum" am Fischmarkt, die Ruinen der alten Villen, halb vom Dschungel überwuchert, jedenfalls dort, wo keine Kühe in den Vorgärten grasen.

Inzwischen zieht es auch wieder die *haute bourgeoisie* nach Kep, wenn auch in bescheidenem Umfang. Das „Knai Bang Chatt", das Hotel, in dem der Kronprinz vor zehn Jahren seine Party feierte, hat sich zu ihrem Zentrum entwickelt.

Im Dezember 2017 eröffnete dort eine britische Künstlerin eine hübsche Ausstellung, die sich den verlassenen Villen der Gegend widmete. Der Gründer und frühere Herausgeber der „Phnom Penh Post", Kambodschas beste Zeitung, war da, auch die Gattin eines kambodschanischen Generals, der in der Nachbarschaft ein neues Haus erbauen ließ. Außerdem ein alter Mann aus Kalifornien, von dem es heißt, er sei ein pensionierter Gangster, und die Tochter des Gouverneurs von Kep. Vielleicht unterscheidet sich diese Gesellschaft gar nicht so stark von der, die vor 60 Jahren in Kep-sur-Mer anzutreffen war. Nur hätte man damals mehr Französisch und weniger Englisch gesprochen.

Justus Krüger, Jahrgang 1974, seit gut elf Jahren Autor in Hongkong, war von Kep-sur-Mer fasziniert. Viele Villen sind von Gewehrkugeln durchlöchert und vom Dschungel überwuchert, wahre Spukschlösser in allen Stadien des Verfalls.

Abgemustert

Lange war das Seefahrtbuch das wichtigste Dokument des Matrosen. Es diente als Reisepass, Arbeitsnachweis, Langzeitstechuhr, als Logbuch des Lebens. Nun kommt das Aus für das alte Papier

Von Marc Bielefeld

Egon Blohm legt das Buch vorsichtig auf seinen Küchentisch, es ist ein Original. Die Seiten riechen nach betagtem Papier, der Rücken ist mit Leinen verstärkt. „Seefahrtbuch für", steht auf dem Umschlag. Mit blauer Tinte ist der Name eingetragen: „Egon Blohm".

Drei Exemplare solcher Bücher besitzt der alte Kapitän noch heute. Und er hütet sie, obwohl er seit Jahren pensioniert ist. „Deine Seefahrtbücher gibst du nie weg", sagt Blohm. „Die bewahrst du auf, bis du in die Kiste steigst." Er streicht mit den Fingern über die Seiten. „Hier drin steht mein ganzes Leben als Seemann."

In der Tat behandelten Seeleute ihr Seefahrtbuch seit je wie ein Heiligtum. Es bedeutete ihnen mehr als Bibel, Pass oder Pornohefte. Wenn sie das Schiff verließen, trugen sie das Dokument am Leib wie ihre Heuer. Während der Zeit an Bord lag das unscheinbare Büchlein, das jeder Seemann sein Eigen nannte, stets beim Kapitän. Meist sicher verschlossen in dessen Schublade.

Elisabeth Mann Borgese, jüngste Tochter von Thomas Mann, die als Seerechtsexpertin oft auf Schiffen fuhr, sagte einmal über das Papier: „Das Seefahrtbuch war mir wichtiger als alle meine Reisepässe." Im Lauf ihres Lebens besaß sie die deutsche, tschechoslowakische, US-amerikanische und kanadische Staatsbürgerschaft.

Als Besatzungsmitglied konnte man mit dem Seefahrtbuch in den meisten Ländern problemlos ein- und ausreisen. Auf Landgängen wies es die Seeleute offiziell aus, und nicht selten wurde das Buch in der Hafenbar oder vor einem neuen Arbeitgeber gezückt, wenn man zeigen wollte, auf welchen Schiffen man gefahren war, wie viele Jahre man als Seemann auf dem Buckel hatte. Das Büchlein diente nicht nur als Reisepass und Türöffner – es war das Logbuch des Seefahrerlebens.

Der Adler der Bundesrepublik Deutschland prangte auf dem Dokument, und gleich auf den ersten Seiten war ein strenger Hinweis zu lesen: „Das Seefahrtbuch ist sorgfältig aufzubewahren. Es dient unter anderem als Nachweis bei etwaigen Rentenansprüchen."

Ein Passfoto klebte im Buch, vermerkt waren Augenfarbe des Seemanns, Haarfarbe, Größe, besondere Kennzeichen. Die Seiten hielten Raum für Visa offen, alles war hoch offiziell abgestempelt. Dann folgten jene Einträge, die das Seefahrtbuch von einem normalen Pass so gravierend unterschieden: die An- und Abmusterungen auf den Schiffen, die wichtigsten Signaturen eines Seemannslebens.

Die Matrosen gaben das Buch beim Kapitän ab, sobald sie ein Schiff betraten. Ein Beamter des Seemannsamts kam an Bord und setzte seinen Stempel unter die Anmusterung. Abgemustert wurde erst wieder, wenn der Matrose seine Dienstzeit auf dem Schiff quittierte. Und wieder kam ein Beamter vom Seemannsamt an Bord, prüfte die handschriftlich vermerkten Angaben, dann erfolgten abermals: Stempel, Unterschriften.

Ab dem 1. Juni 2019 ist es nur noch ein Stück Nostalgie

So wurde das Buch zum stillen Zeugen des Seefahrerdaseins. Es hielt fest, in welchen Seegebieten, unter welcher Reederei und unter welchem Kapitän man gefahren war. Außerdem wurde für jede Fahrt der Rang eingetragen. Dadurch konnte man stets seinen eigenen Karriereverlauf nachlesen – vom Putzjungen zum Jungmann, vom Steuermann zum Kapitän.

Auch als Egon Blohm in seine Seefahrtbücher schaut, spult sich sein halbes Leben ab. Er fuhr nach Russland, Irland, Portugal, steuerte Häfen an in Norwegen, Portugal, Marokko, Tunesien, Algerien. Und stieg im Lauf der Jahre vom Matrosen zum Kapitän auf. Sie fuhren Salz, Kohle und Holz bis nach Finnland und England. „Immer hin und her", sagt Blohm. „Wenn wir zu unseren Einsatzhäfen fliegen mussten, war das Seefahrtbuch oft sogar praktischer als der Reisepass." Die Seeleute konnten mit dem maritimen Ausweis nicht nur die Grenzen übertreten, sie buchten damit auch Flüge und bekamen bei den Airlines günstigere Tickets.

Auch Matrosen anderer Nationalitäten hegten ihr Seefahrtbuch. Auf amerikanischen und englischen Schiffen hieß es „Seaman's Discharge Book" oder „Seaman's Service Book". Belgische Seeleute sprachen vom „Zeemansboek", Holländer vom „Monsterboekje Scheepvaart", die Franzosen vom „Livret de marin". Wann und wo genau das Seefahrtbuch eingeführt wurde, ist allerdings rätselhaft.

Auf Handelsschiffen unter englischer und amerikanischer Flagge mussten Seeleute schon lange vor dem Zweiten Weltkrieg ein solches Papier besitzen. Sie hatten einen sogenannten „Ship's Article" oder „Shipping Article" zu unterschreiben, um Verpflichtungen gegenüber dem Schiffsbetreiber zu bestätigen. Auch Rang, Reisedauer und Fahrtgebiete wurden dort dokumentiert. Doch dürfte es Seefahrtbücher schon viel früher gegeben haben.

Im Jahr 1849 legte der Hamburger Senat der Bürgerschaft einen Entwurf zu einem neuen Seemannsrecht vor. Das Gesetz nannte sich „Musterrolle. Verordnung über die Stellung der Mannschaft auf den Seeschiffen und Disziplinar-Ordnung für dieselbe". Diese Disziplinarordnung hielt in ihrem ersten Artikel fest, dass jeder auf einem Hamburger Schiff fahrende Seemann sich zuvor beim „Wasserschout" legitimieren musste und von dem damaligen Beamten für Seemannsangelegenheiten ein „Seefahrtbuch" zu bekommen hatte. Darin wurden Name, Geburts-

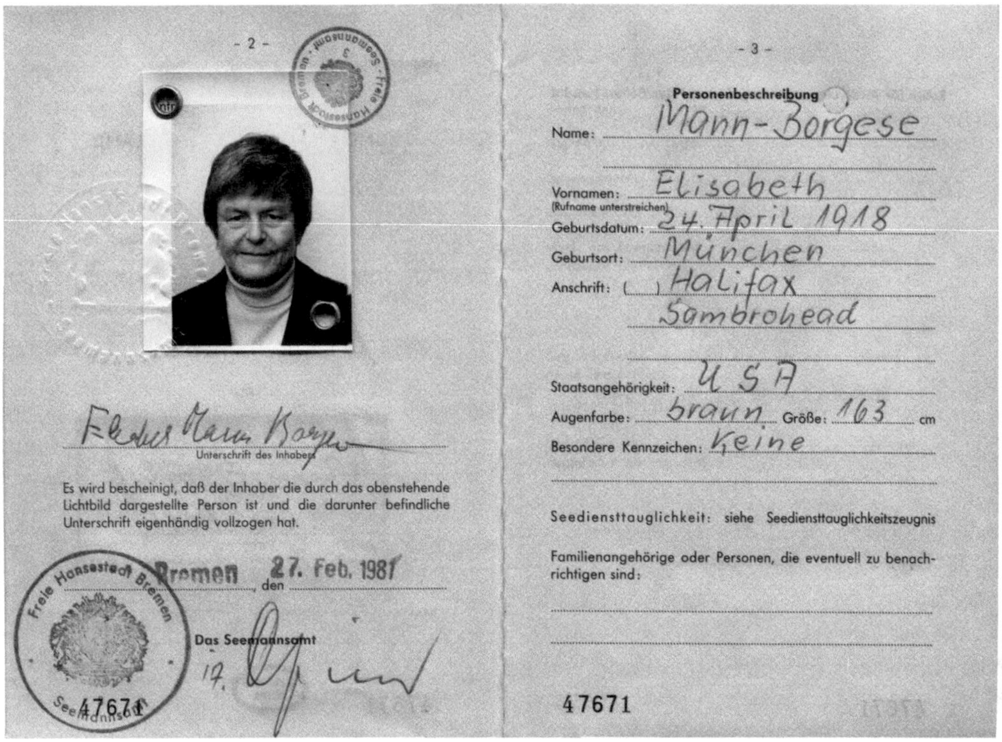
- 2 -

Unterschrift des Inhabers

Es wird bescheinigt, daß der Inhaber die durch das obenstehende Lichtbild dargestellte Person ist und die darunter befindliche Unterschrift eigenhändig vollzogen hat.

Bremen, den 27. Feb. 1981

Das Seemannsamt

47671

- 3 -

Personenbeschreibung

Name: Mann-Borgese

Vornamen: (Rufname unterstreichen) Elisabeth

Geburtsdatum: 24. April 1918

Geburtsort: München

Anschrift: Halifax Sambrohead

Staatsangehörigkeit: USA

Augenfarbe: braun Größe: 163 cm

Besondere Kennzeichen: Keine

Seediensttauglichkeit: siehe Seediensttauglichkeitszeugnis

Familienangehörige oder Personen, die eventuell zu benachrichtigen sind:

47671

Elisabeth Mann Borgese: „Das Seefahrtbuch war mir wichtiger als alle meine Reisepässe“

Mann Borgeses Seefahrtbuch, ausgestellt am 27. Februar 1981 von der Freien Hansestadt Bremen

ort und Alter eingetragen. Das Papier sollte fortan als „Zeugnisbuch des Seemanns“ dienen.

Vermutlich hielt bereits Herman Melville, Autor von „Moby-Dick“, ein frühes Seefahrtbuch in Händen. In einer Biografie heißt es, dass Melville einen damals auf amerikanischen Schiffen üblichen „Ship's Article“ unterzeichnete, bevor er im Januar 1841 von New Bedford auf der „Acushnet“ Richtung Pazifik segelte.

Die britische Maritime and Coastguard Agency führt auf, dass ein „First Register of Merchant Seaman's Service“ bereits ab 1835 bestand. Seeleute auf Handelsschiffen wurden seitdem offiziell registriert: zunächst auf den Musterrollen für Reeder und Kapitäne, bald aber wohl auch in jenen kleinen Büchlein, die man den Seeleuten fortan selbst aushändigte.

Das deutsche Seefahrtbuch ist zu einem lieb gewonnenen Dokument geworden. Nun aber kommt sein Ende. Am 1. Juni 2019 verliert es seine Gültigkeit. Das digitale Zeitalter degradiert es zu einem Stück Nostalgie.

Während die „Seaman's Books“ oder „Carnets de marin“ in vielen Ländern noch im Einsatz sind, stellt Deutschland um. Das Bundesministerium für Verkehr und digitale Infrastruktur hat eine neue Seeleute-Befähigungsverordnung erlassen, seit August 2013 schon werden keine neuen Seefahrtbücher mehr ausgestellt. Stattdessen gibt es einen freiwilligen Seeleuteausweis, der lediglich besagt, dass man einer Arbeit in der Seeschifffahrt nachgeht. Es gilt ein neues Seearbeitsgesetz, mit dem auch die Musterung abgeschafft ist. Die Übergangsregelung, wonach bestehende Seefahrtbücher als Befähigungsnachweis eingesetzt werden dürfen, endet endgültig am 31. Mai 2019. Alle entscheidenen Eckdaten im Leben eines Seemanns werden nur noch digital gespeichert.

Die meisten Seemannsämter haben inzwischen geschlossen. Dienstbescheinigungen für Seefahrtzeiten müssen fortan die Reedereien ausstellen. Die Seeleute halten damit höchstens eine lose Zettelsammlung in den Händen. Einige Reedereien händigen wehmütigen Matrosen heute eigene Seefahrtbücher aus. Sie sind aber reine Folklore, keine amtlichen Papiere. Als Passersatzpapiere galten die deutschen Seefahrtbücher schon seit dem 1. November 2007 nicht mehr.

Manche Seeleute protestierten, richteten an den Bundestag sogar eine Petition zur Erhaltung des Seefahrtbuchs. Eine Ingenieurin bei der Reederei Hamburg Süd, die seit 2000 ein Seefahrtbuch besaß, findet es „eine Frechheit“, dass die Tradition nun endet. Die vielen Fahrten auf den unterschiedlichsten Schiffen seien wie „gerissene Perlenketten“ – und das Seefahrtbuch habe sie zusammengehalten. Die meisten aber trauern dem schönen alten Papier stillschweigend hinterher.

Die neue Version des Seefahrtbuchs ist kosteneffizienter, zeitsparender und reduziert den bürokratischen Aufwand. Befreit von jeglicher Romantik, befinden sich die wichtigsten Koordinaten im Leben eines Seemanns von nun an auf Festplatten und Servern der Ämter und Reedereien.

Marc Bielefeld, Jahrgang 1966, freier Autor in Hamburg, musste als Sportbootfahrer stets nur Logbücher, nie aber ein Seefahrtbuch führen.

Die Aufreisserbar

In der Berliner „Sardinen.Bar" wird statt gekocht eher aufgerissen – Sardinen aus der Dose, in 80 Varianten, die sich von der Büchse im Supermarkt unterscheiden wie Seehasenrogen von Kaviar

Text: Maik Brandenburg Fotos: Severin Wohlleben

Eine Sardine gehört in die Konserve. Dort ist ihr lukullisches Biotop, kann man sie sich anderswo vorstellen als in der Blechbüchse? Als schnellen Bissen zum Bier oder wenn sonst nichts da ist? Rein mit der Gabel, das etwas suspekte Öl abtropfen lassen und ohne garnierendes Tamtam weg damit. Das ist in Ordnung, mehr kann keiner von einer Ein-Euro-Supermarktdose erwarten.

Außer vielleicht, man stellt sie auf eine Holzplatte und serviert dann dieses „primitive Dosenessen im schneidigen Ambiente" eines Lokals. So jedenfalls sieht es ein Kommentator unter einem YouTube-Filmchen zur Berliner „Sardinen.Bar". Ein virtueller Gast, der sich offenbar echt bedient fühlt.

Nur leider nicht von Thomas Vetter. Der 43-Jährige ist Inhaber des Etablissements in der Schöneberger Grunewaldstraße. Jahrelang hatte Vetter zuvor in klassischen Restaurants gekocht. Im Urlaub in Lissabon seien ihm dann Sardinen aus der Dose serviert worden, allerdings in einer Schüssel, Wein dazu. Es schmeckte, er fragte nach, „es machte ‚Klick'", so Vetter. Seit November 2016 klickt es täglich Hunderte Mal, wenn in seinem Lokal die Dosen geöffnet werden.

Es ist Deutschlands erste und bislang einzige Sardinendosenserviergaststätte. Tatsächlich: Ist die Dose auf, ist auch schon angerichtet. Ein bisschen Salat dazu, etwas Weißbrot, voilà! Zwei schlicht gehaltene Räume in gedeckten Farben, ein Tresen, ein paar Tische und Stühle. Und eine kleine Küche, die ja auch nicht größer sein muss – denn gekocht wird da ja wenig, eher aufgerissen: Rund 80 verschiedene Zubereitungen von *Sardina pilchardus*, dazu Thunfischfilets, Makrelen, Bücklinge, Meeresfrüchte.

Was in die Dose kommt, unterscheidet sich allerdings von besagter Billigbox wie Seehasenrogen vom echten Kaviar. Das gehe schon beim Fischen los. „Die Schwärme werden nicht gejagt, sondern mit Netzen eingekreist und langsam herausgehoben", so Thomas Vetter. „Die beste Beute gelingt um Mitte September, dann schwimmen die Sardinen weit oben und sind schön fett." Nur diese werden zu sogenannten Jahrgangssardinen. Erst nach rund fünf Jahren haben sie die beste Reife erreicht. Dann sei das Öl durchgezogen und bräunlich-golden. Was nicht heißt, dass die jungen Dosen schlechter sind. „Der Fisch ist bissfester. Bei den älteren ist der Geschmack buttriger, sie schmelzen fast auf der Zunge."

Gleich nach der Anlandung erfolgt die Verarbeitung. Kopf, Schwanz und Innereien kommen raus, es folgt ein kurzes, heißes Fettbad. Anschließend tropfen die Fische rund zwei Tage ab, um dann per Hand eingelegt zu werden. „Schön locker, es muss ja Platz bleiben fürs Öl", sagt Vetter. Von der sprichwörtlichen Enge in einer Sardinendose kann also keine Rede sein.

Zumindest in denen der Konservenfabriken des atlantischen Frankreichs und Portugals. Von dort kommen die Sardinen, dort ist die Dose seit je in höherem Ansehen. Nicht nur wegen des Inhalts, auch wegen der Deckel, die gern von namhaften Illustratoren gestaltet werden. In der „Sardinen.Bar" schmücken einige Beispiele dieser „Blech-Art" die Wände.

Vetters Angebote stammen allesamt aus kleinen Familienfirmen in Hafennähe. Etwa von der bald hundertjährigen Conserverie La Quiberonnaise im bretonischen Quiberon. Oder der Conserveira Comur im portugiesischen Murtosa, bekannt für ihre fleischigen, extra großen Sardinen. Jede Firma gibt ihr eigenes Olivenöl hinein, je nach Sorte auch Zitronen, Chilischoten, Essig oder Cornichons. Die genauen Rezepturen sind natürlich – wo passt es besser? – Verschlusssache.

Die Dosen werden auf einem eigens entwickelten Holzbrett herangetragen, eingearbeitete Magnete halten sie am Platz. Wer will, kann seine leere Dose mitnehmen. Die Gäste kommen zumeist in Gruppen und bleiben, dem Fastfoodimage zum Trotz, oft für Stunden. Der Chef sieht das gern. „Sie sollen ja nicht einfach nur satt werden", sagt Thomas Vetter, „sie sollen genießen." Außerdem: „Kalt kann das Essen ja nicht mehr werden."

Gazpacho andaluz à la Sardinen.Bar

Zutaten (für vier Personen)

2 rote Paprika, 2 Stangen Staudensellerie, 2 rote Zwiebeln, 2 Karotten, 4 reife Tomaten, 1/4 Zucchini, 1 Gartengurke, 2 Knoblauchzehen, 2 EL Tomatenmark, 2 TL Piment d'Espelette, 1 TL Paprikapulver, 150 g Erdbeeren, Salz, Pfeffer, etwas Olivenöl.

Zubereitung

Paprika, Karotten, Zwiebeln, Knoblauch, Sellerie und Zucchini in kleine Stücke schneiden, in einem Topf mit Olivenöl anbraten, mit Salz, Pfeffer, Piment, Paprikapulver würzen. Danach das Tomatenmark für 1 Minute mit anschwitzen. Abkühlen lassen. Klein geschnittene Tomaten, Gurken und Erdbeeren untermischen. Alles mit einem Pürierstab oder Mixer pürieren, etwas Olivenöl hinzugeben. Dazu eine Dose Sardines à l'Andalouse von Les Mouettes d'Arvor, geröstetes Weißbrot und eine Scheibe Chorizo.

Sardinen.Bar

Grunewaldstraße 79, 10823 Berlin,
Tel. +49 30 588 44170, www.sardinen.bar.
Geöffnet von Mo bis Fr 16 bis 23.30,
Sa 15 bis 23.30 Uhr, So geschlossen.

Heilig's Blechle: Die edlen Konserven kauft Thomas Vetter (oben) bei kleinen Familienbetrieben in Frankreich und Portugal ein

Fabelhafte Schleimer

Schleimaale sondern bei Gefahr ein Sekret ab, das Wasser in Zehntelsekunden zu Glibber werden lässt. Die Forschung will sich das Prinzip abschauen und träumt schon von einem Super-Geliermittel

Von Till Hein

Der Hai wittert Beute. Lautlos schwimmt er auf einen Aal zu und reißt sein Maul auf. Doch als er zubeißen will, schießt ihm eine gallertartige Masse in den Rachen. Irritiert versucht der Raubfisch, den zähflüssigen Glibber auszuspucken – und dem Schleimaal gelingt die Flucht.

„Super Trick, oder?", sagt Lukas Böni und grinst, als er die Stopptaste drückt. Der Forscher von der Eidgenössischen Technischen Hochschule (ETH) Zürich hat das Video schon unzählige Mal gesehen. Immer ist er aufs Neue beeindruckt. Was die Schleimer der Tiefsee für Lebensmittelverfahrenstechniker wie ihn so attraktiv macht: Sie sind Minimalisten. Wenige Tropfen Geliermittel reichen ihnen aus, um riesige Mengen Glibber zu erzeugen. Die schwabbelige Masse, mit der sie Angriffe von Raubfischen zurückschlagen, besteht zu fast 100 Prozent aus Wasser. „Bis heute ist es Menschen nicht gelungen, ein auch nur annähernd so starkes Bindemittel für Flüssigkeiten zu entwickeln", sagt Böni.

Seit mehr als 300 Millionen Jahren gibt es Schleimaale. Sie haben den großen Meteoriteneinschlag vor 66 Millionen Jahren überlebt sowie mehrere Eiszeiten. Jetzt wollen Produktentwickler von diesen schlangenartigen Wesen lernen. Sie träumen schon von einem Supergeliermittel. „Zuerst aber müssen wir noch genauer verstehen, was das Sekret dieser Tiere so leistungsfähig macht", sagt Böni, „und wie es sich konservieren lässt."

Trotz ihrer für Aale typischen lang gezogenen Körperform gehören Schleimaale nicht zu dieser Gattung. Aale sind Knochenfische, Schleimaale dagegen zählen zu den Wirbellosen und haben nur im Mundbereich verhärtete Teile. In erster Linie ernähren sie sich von Aas. „Als eine Art Totengräber der Meere erfüllen sie eine wichtige ökologische Aufgabe", sagt Böni. Fischer aber hassen Schleimaale. Denn häufig schlüpfen sie durch die Maschen von Reusen, kriechen den darin gefangenen Fischen in die Kiemen und fressen sie von innen auf. Oft ziehen Fischer am Ende nur noch die leeren Hüllen ihres Fangs aus dem Wasser.

Der wirtschaftliche Nutzen der Schleimaale fällt bescheiden aus. Immerhin: Bereits die alten Römer verarbeiteten ihre Haut zu Peitschenschnüren. Und bis heute werden aus diesem „Leder" Geldbörsen, Gürtel, Schuhe, Handtaschen und Stiefel hergestellt. George W. Bush etwa trug am 20. Januar 2001 bei seinem Amtsantritt als US-Präsident Schuhe aus Schleimaalleder.

Lukas Böni, der zum Team um Peter Fischer, Professor für Lebensmittelverfahrenstechnik der ETH, gehört, interessiert sich nicht für die Haut, sondern für das Sekret dieser Tiere. Mit Projektpartnern vom Aquarium Atlantic Sea Park im norwegischen Ålesund fährt er regelmäßig in die Fjorde hinaus, um Schleimaale der Art *Myxine glutinosa* zu fangen.

Der Forscher klickt ein weiteres Video an. Etwa 80 Meter tief lassen die Männer mit Fischabfällen gefüllte löchrige Kanister an dicken Seilen auf den schlammigen Meeresgrund hinab. Kaum hat ein Kanister den Meeresboden erreicht, kriechen erste Schleimaale aus dem Schlamm und schlüpfen durch die Öffnungen in das Behältnis. „Sie haben eine sehr feine Nase", sagt Böni. Als die Männer die Kanister später an Bord ihres Motorboots hieven, winden sich die schmutzig-rosafarbenen Schleimaale heraus und wuseln übers Deck. Viele hundert Stück sind es, bis zu 60 Zentimeter lang. Der Transport bis in die Schweiz wäre mit zu viel Stress verbunden. „Die Tiere könnten dabei so viel schleimen, dass sie selbst daran ersticken", sagt Böni. „Aber man kann sie melken."

An den Flanken haben Schleimaale Dutzende Drüsen, die bei Gefahr das Geliermittel absondern. Zum „Melken" nimmt Böni einzelne Tiere kurz aus dem Wasser und betäubt sie mit Nelkenöl. Dann stimuliert er mit einem leichten Elektroschock die Ringmuskeln um die Drüsen, bis das Sekret herausquillt. Mit einem Skalpell streift Böni die Flüssigkeit ab und füllt sie in ein luftdicht verschließbares Reagenzglas. Die Tiere kommen in ein Aufwachbecken und werden später wieder freigelassen.

Das Sekret hat zwei Hauptbestandteile, konnten Forscher aus den USA im Jahr 1981 nachweisen: extrem elastische Proteinfäden und sogenannte Muzine, die die Fäden miteinander vernetzen. Ein Teil der Zellen in den Schleimdrüsen produziert Muzine, der andere Proteinfäden. Bei Gefahr werden beide Zelltypen ruckartig ausgestoßen, die Plasmamembranen reißen, und die Fäden und Muzine kommen frei. „Sie interagieren und bilden dadurch die Matrix, die das Wasser bindet", erklärt Böni, „wie ein Zwei-Komponenten-Kleber für Flüssigkeiten."

Winzige Mengen des Schleimaalsekrets reichen für hektoliterweise Flüssigkeit. „Es ist etwa so, als könnte ein Stückchen Würfelzucker das Wasser einer randvollen Badewanne zu zähem Schleim binden", sagt Böni, „und das innerhalb weniger Zehntelsekunden." Besonders verblüffend: Das fädige Protein, das in den Drüsenzellen als winzige Knäuel von der Breite eines menschlichen Haares vorliegt, ist im Glibber bis zu 20 Zentimeter lang. Bei Wasserkontakt wickeln sich die Knäuel blitzschnell auf.

Produktentwickler geraten ins Schwärmen. Denn die meisten herkömmlichen Gele sind erdölbasiert und dadurch schwer biologisch abbaubar. Schleimaalglibber dagegen enthält keine umweltschädlichen Substanzen. Forscher in den USA und Europa arbeiten bereits daran, die Gene der Tiere, die für die Sekretproduktion zuständig sind, in Kolibakterien einzubauen, um das natürliche Geliermittel von diesen Winzlingen herstellen zu lassen. Später wollen sie es im Labor selbst nachbauen.

Doch auch dann bliebe ein Problem: Schleimaalglibber bildet sich schnell wieder zurück. Anfangs konnten die ETH-Wissenschaftler ihn nur einen Tag lang konservieren. Inzwischen brin-

Sowohl Nordatlantische Schleimaale
als auch die hier abgebildeten
Pazifischen Schleimaale produzieren
das glibberbildende Sekret

Links **Das Gel der Schleimaale ist elastisch und reißfest – ideal, um Autoreifen, Stents oder künstliche Gallenblasen langlebiger zu machen. Selbst die Saugfähigkeit von Babywindeln ließe sich optimieren**

Rechts **Vorsicht, Glibber! Im US-Bundesstaat Oregon kippte im Juli 2017 eine Ladung Schleimaale von einem fahrenden Lastwagen. Mehrere Autos rutschten auf der schmierigen Straße ineinander. Ernsthaft verletzt wurde niemand**

gen sie es auf eine Woche. Eines ihrer Fernziele ist es, das Gel dauerhaft stabil zu halten.

Gelänge dies, stünde dem Sekret eine große Karriere bevor, schon weil die meisten Kunststoffe über die Jahre brüchig werden. Die Zugabe von Schleimaalgel könnte Autoreifen, Stents, also Implantate zum Offenhalten etwa von Blutgefäßen, oder künstliche Gallenblasen langlebiger machen. Auch die Saugfähigkeit von Babywindeln ließe sich optimieren. Landwirte könnten ebenso profitieren: Bei der klassischen Berieselungstechnik verdunstet über den Feldern sehr viel Wasser. Läge die Feuchtigkeit hingegen als zähflüssiger Schleim vor, wäre sie besser geschützt und könnte sparsamer abgegeben werden.

Die wohl kuriosesten Forschungsprojekte laufen in den USA. An der Utah State University hat es sich ein Team um Biologieprofessor Randy Lewis zum Ziel gesetzt, mit Schleimaalglibber Anschläge von Terroristen auf hoher See abzuwehren. Zähflüssiger Schleim soll die Schiffsschrauben ihrer Boote lahmlegen. Wissenschaftler vom Naval Surface Warfare Center in Florida wollen mit dem Supergel gar Torpedos abfangen.

Besonderes Augenmerk der Forscher liegt auf den superelastischen und reißfesten Proteinfäden im Schleimaalgel. So wollen Wissenschaftler aus Kanada nach dem Vorbild dieser Fäden eine Art Zwirn herstellen, der erdölbasierte Fasern wie Nylon und Lycra ersetzen könnte. Böni und seine ETH-Kollegen wiederum präsentierten unlängst Tofu aus Schleimaalglibber. Sie rührten das Sekret in Sojamilch ein – und prompt veränderten die darin enthaltenen Proteinfäden die Konsistenz des Tofu und machten ihn knackig.

Auch Kunstfleisch aus dem Labor könnte attraktiver werden. Bisher monieren Testesser häufig, In-vitro-Fleisch fehle der „Biss“. Durch die Zugabe von Schleimaalproteinfäden ließe sich die Struktur traditionellem Fleisch annähern. Laut Umfragen in Europa und den USA könnten sich rund 50 Prozent der Befragten vorstellen, Laborfleisch zu essen.

„In Korea gelten Schleimaale als Spezialität“, erzählt Böni, „oft werden sie bei lebendigem Leib gegrillt.“ Er hält das für Tierquälerei. Gekocht habe er einmal ein Stück gekostet. „Schmeckte recht lecker, ein bisschen wie Garnelen.“ Noch einmal würde er dennoch nicht zugreifen. „Ich arbeite sehr eng mit diesen Tieren zusammen“, so Böni. Da baue man eine Beziehung zu ihnen auf. „Es fühlte sich an, als würde ich mein Haustier verspeisen.“

Till Hein, Jahrgang 1969, Wissenschaftsjournalist in Berlin, erfuhr bei der Recherche, dass manche Forscher vermuten, der letzte gemeinsame Vorfahre aller heutigen Wirbeltiere – also auch des Homo sapiens – sei eine Art Urschleimaal gewesen.

Geomar und Ocean University of China

Pflanzenschutz für Algenfarmen

Nicht nur Monokulturen an Land werden von Schädlingen befallen. Auch große Algenfarmen im Meer sind davon betroffen – etwa die Farmen am Gelben Meer nahe der chinesischen Stadt Qingdao, wo Zuckertang für die Lebensmittel- und Kosmetikindustrie angebaut wird. Klassische Pestizide eignen sich dabei nicht für die Schädlingsbekämpfung, weil die Giftstoffe im Wasser verdünnt und schnell in andere Gebiete getragen werden. Ein deutsch-chinesisches Forscherteam des Geomar in Kiel und der Ocean University of China in Qingdao hat deshalb eine Methode für die natürliche Schädlingsabwehr entwickelt. „Wir nutzen einen Wirkstoff, den die Algen selbst produzieren, ein Oligoalginat", erklärt Projektleiter Florian Weinberger vom Geomar. Dieses Oligoalginat geben Algen ab, wenn sie von Mikroorganismen angegriffen werden. Schon geringe Mengen reichen, um eine Immunreaktion in Gang zu setzen. Die Forscher untersuchten, ob sich erkrankte Pflanzen behandeln lassen, indem man künstlich Oligoalginat ins Wasser gibt. Tatsächlich erholten sich die Pflanzen. Allerdings war die Immunreaktion so stark, dass auch die gesunde Bakterienflora der Algen abgetötet wurde. In der Folge kam es zu vermehrtem Seepockenbewuchs. „Wir suchen deshalb aktuell nach Alginaten oder anderen natürlichen Wirkstoffen, die gezielt nur gegen die Krankheitserreger wirken", sagt Weinberger. Die Ergebnisse dürften auf großes Interesse stoßen. In rund 50 Ländern werden jährlich 27 Millionen Tonnen Algen gezüchtet.

Institut für Chemie und Biologie des Meeres, Oldenburg

Mikrofilm auf dem Meer schwimmt trotz höherer Dichte

Es ist ein physikalisches Paradox: Unter bestimmten Wetterbedingungen ist die dünne Grenzschicht auf der Meeresoberfläche vorübergehend salziger und damit schwerer als das darunterliegende Wasser. Das konnte das Team um Meereschemiker Oliver Wurl vom Oldenburger Institut für Chemie und Biologie bei Messungen in der Timorsee nachweisen. Oberflächenfilme treiben als hauchdünne Schicht auf allen Meeren. Sie bestehen aus Stoffwechselprodukten wie Kohlenhydraten oder Fetten, die sich an der Meeresoberfläche sammeln. Wichtig sei dieser Film, weil er den Austausch von Gasen wie dem Kohlendioxid zwischen Meer und Atmosphäre beeinflusse, so Wurl. Der Film spiele auch bei der Verdunstung des Meerwassers eine Rolle. Das Wasser verdunstet an der Filmoberfläche, nicht aber darunter. Damit steigt direkt am Film der Salzgehalt. Warum aber schwimmt der Film trotz höherer Dichte obenauf? „Vermutlich wirkt die Grenzflächenspannung zwischen Film und darunterliegendem Wasser bis zu einem gewissen Dichteunterschied als Gegenkraft, sodass der dichtere Film bis zu einigen Minuten stabil bleibt", sagt Wurl, dessen Arbeiten vom Europäischen Forschungsrat gefördert wurden. Wurl will dieses Phänomen weiter untersuchen und mit Satellitenmessdaten zum Salzgehalt abgleichen.

Scripps Institution of Oceanography, USA

Korallen tun sich zusammen

Forscher der US-amerikanischen Scripps Institution of Oceanography, kurz: Scripps, haben festgestellt, dass verschiedene Korallenarten in Grüppchen zusammenstehen und keinesfalls zufällig über ein Riff verteilt sind – ähnlich, wie bestimmte Baumarten in Wäldern Gruppen bilden. Welche Korallen nebeneinander wachsen, hänge wahrscheinlich von der Art der Fortpflanzung ab, so Biologe Clinton Edwards, Korallenexperte an der Scripps. Edwards hatte bei Tauchgängen 1500 Quadratmeter des Palmyrariffs im Zentralpazifik mit einer Spezialkamera aufgenommen. Insgesamt schoss er mehr als 39 000 Fotos, die er am Computer zu einem 3-D-Bild des Riffs verknüpfte. Anschließend wurde das 3-D-Bild mit einer an der Scripps entwickelten Software ausgewertet, die automatisch die Korallenarten erkennt und deren Verteilung errechnet. Dabei zeigte sich, dass die Korallen eben nicht zufällig verteilt sind, sondern bestimmte Muster bilden, die ein Mensch – anders als die Bildanalysesoftware – nicht so leicht erkennt. Die Ergebnisse könnten für Korallenschutzprojekte interessant sein, bei denen zerstörte Riffe durch Anpflanzungen wieder aufgebaut werden.

Leibniz-Institut für Ostseeforschung, Warnemünde

Wie anfällig ist das Benguela-Auftriebssystem?

Forscher bezeichnen die Meeresregion vor Südwestafrika als Benguela-Auftriebssystem. Hier steigen aus der Tiefe des Atlantiks Wassermassen auf, die reich an Nährstoffen sind. Ein Expertenteam um Geomikrobiologin Heide Schulz-Vogt vom Leibniz-Institut für Ostseeforschung hat jetzt das auf drei Jahre angelegte Projekt EVAR gestartet, um zu untersuchen, wie der Klimawandel die Mikrobengemeinschaft und die Stoffumsätze verändern könnte. „Wenn man den globalen Klimawandel genauer einschätzen will, muss man die Stoffflüsse in diesem Meeresgebiet besonders gut quantifizieren können", so Schulz-Vogt. Die Forscher wollen in verschiedenen Tiefen die Konzentration von gelösten Gasen messen. Analysiert werden sollen auch uralte Sedimente im Boden, um herauszufinden, wie sich die Meereschemie in den vergangenen 2,5 Millionen Jahren verändert hat. Für die Fischerei könnten die Ergebnisse ebenfalls wichtig sein. In dem fischreichen Meeresgebiet steigen gelegentlich Schwefelverbindungen bis zur Oberfläche auf, die die Fische vergiften. Die Frage ist, ob durch den Klimawandel solche Ereignisse künftig häufiger eintreten.

Breit aufgestellt
mare No. 131 und No. 132, „Sangas letzter Tanz"
Seit Ihrer letzten Ausgabe wird über Ihren Preisanstieg diskutiert. Dazu vorab eine Bemerkung: Ihr Leser Axel Rittig verglich das Preisniveau mit der einer Fachzeitschrift. Ich bin von Beruf Konditorin, und in meiner Branche gibt es die Fachzeitschrift „KoCa". Jedes Mal zum Jahreswechsel wird der Köder ausgeworfen: „Sonderaktion 50 % Rabatt auf das Jahresabo". Konkret heißt das für 12 Ausgaben: 199 Euro! In diesen Zeitschriften finde ich bedeutend weniger Inhalt, viel zu viel Werbung und wenig Informatives. Weder der rabattierte noch der normale Preis sind aus meiner Sicht gerechtfertigt. Vielen Dank daher für Ihre breit aufgestellte, informative Zeitschrift! In No. 132 las ich die Geschichte der letzten mit Handharpunen jagenden Walfänger aus Lamalera. Wie es der Zufall wollte, fand ich bei Freunden das Buch „Der weiße Gott der Meere – Auf der Suche nach dem legendären Moby Dick" von Tim Severin. Es hat mich komplett begeistert. Grob gesagt, verfolgt der Autor die historische Spur von Melville und lässt sich von den Erzählungen Einheimischer leiten, um zu erfahren, ob es tatsächlich weiße Pottwale mit herausragender Intelligenz gab. Ein Kapitel beschreibt die Walfänger von Lamalera. Ihr Autor Brandenburg schrieb in einem deutlich anderen Ton über die Menschen dort als Severin, was vielleicht an den 20 Jahren Abstand zwischen den Besuchen der beiden Männer auf der Insel liegt.
Friederike Bartels, Berlin

In angenehmer Weise
mare No. 131
Natürlich ist jede Preiserhöhung erst einmal ein Ärgernis. Aber bitte folgen Sie nicht dem Rat des Leserbriefschreibers in No. 132, „der Anzeigenabteilung einen Schub zu geben". Denn nicht zuerst der Preis je Ausgabe, sondern eine höhere Anzeigendichte ist aus meiner Sicht „leserunfreundlich". mare unterscheidet sich in angenehmer Weise von vielen anderen Printmedien nicht nur durch die hervorragende Qualität von Text und Bild, sondern auch durch ein Layout, das nur selten, und wenn, dann ausgewogen platziert und möglichst thematisch passend, durch Werbeanzeigen unterbrochen wird. Ich verzichte jedenfalls gern gegen ein Aufgeld auf Anzeigen, die ein maritimes Flair zu nutzen versuchen, um oft genug gesundheits- oder umweltschädigende Produkte in besserem Licht erscheinen zu lassen.
Dr. Wilhelm Völcker-Janssen, Hamburg

Was die Falschen lesen
mare No. 132, „Goodbye"
Danke für die klasse Tangier-Island-Reportage. Wahrscheinlich werden es wie immer wieder die Falschen lesen. Trotzdem: Weiter so!
Franckh Arndt, Siegburg

Nicht zu übersehen
mare No. 130, „Nordseekrabbe mit Heimweh"
In Heft No. 130 gefiel mir Ihr Artikel über Lale Andersen sehr gut. Allerdings erweckt der Artikel den Eindruck, als sei sie auf Langeoog nicht mehr sehr präsent. Es klingt ein wenig so, als gebe es außer einem Schaukasten keinerlei Hinweise auf die Sängerin. Erwähnenswert ist aber besonders das Andersen-Denkmal in exponierter Lage auf Langeoog. Zum 100. Geburtstag der legendären Sängerin wurde ihr am 23. März 2005 eine lebensgroße Bronzestatue gewidmet. Auf einem Sockel steht dort die Figur der Sängerin, mit verschränkten Armen, angelehnt an eine Straßenlaterne. Ich nutze es bei Ausflügen mit meinen Klassen als Treffpunkt, da es nicht zu übersehen ist.
Wolfgang Bohnsack, Bockhorn

Unwirklich
mare No. 132, Titel
Ein tolles Heft – und mit einem geradezu unwirklichen Titelbild. Das Blau, der weiche stufenlose Verlauf. Herrlich hingekriegt!
Florian Süßl, Berlin

Wir freuen uns über Ihre Briefe, müssen uns aber Kürzungen vorbehalten.
mare Leserbriefe,
Pickhuben 2,
20457 Hamburg,
mare@mare.de,
Fax +49/(0)40/369 859 99

Mein Hooge, *3.*

Unser Kolumnist reiste als Jugendlicher achtmal nach Hooge. Jetzt, nach 30 Jahren, erkundet er die Hallig erneut, als Erwachsener, als Stadtmensch, mit tausend Fragen im Gepäck. Diesmal will er wissen: Wie ist das Leben ohne Arzt?

Von Jan Keith

AUF HALLIG HOOGE MÖCHTE ICH NICHT KRANK werden. Das hat einen einfachen Grund: Es gibt hier keinen Arzt. Keine Notaufnahme. Keine Apotheke. Höchstens einen leichten grippalen Infekt würde ich mir erlauben. Ich stelle mir das sogar ganz angenehm vor. Es gibt auf Hooge nämlich eine Krankenschwester im 24-Stunden-Bereitschaftsdienst (abwechselnd mit einem Kollegen). Läge ich mit Fieber im Bett, würde sie vorbeikommen und mir ein nicht verschreibungspflichtiges Medikament verabreichen. Wir würden plaudern. Und wenn ich freundlich fragte, würde sie mir bestimmt auch einen Tee kochen. Herrlich.

Problematisch wird es allerdings, wenn es sich um einen echten Notfall handelt. Denn dann hilft kein liebevoll zubereiteter Tee mehr.

Dann muss der Rettungshubschrauber kommen.

Es gibt drei, die bei Notfällen Hooge anfliegen. Die zwei roten Hubschrauber der DRF Luftrettung, „Christoph Europa 5“ und „Christoph 42“, sowie der gelbe „NHC 01“ von den Offshorewindparks. Binnen 15 Minuten können sie Hooge erreichen.

Leider klappt das nicht immer. Ich weiß das, weil mir der ehemalige Bürgermeister von Hooge, Matthias Piepgras, davon erzählt hat.

Piepgras, 63, ist auf der Hallig bekannt als rastloser Mann. Allein die Liste seiner Ämter, die er innehatte, löst Herzrasen aus: Bürgermeister von Hooge, Vorsteher des Amtes Pellworm, Kreistagsabgeordneter, Vorsitzender der Biosphäre Halligen, Vorsitzender des Tourismusausschusses, Mitglied im Bauausschuss, Vorstand des Hafenverbands, Zweckverbandsvorsitzender für die Daseinsvorsorge, Vorstandsmitglied der Insel- und Halligkonferenz, Zweiter Vorsitzender der AktivRegion Uthlande. Dazu hat er zwei Söhne, vier Telefone und fünf Ferienwohnungen auf Hooge.

Es war an einem Sonntagmorgen, als Piepgras dachte, er habe einen Herzinfarkt. Schmerzen in der linken Brust. Engegefühl. Angstschweiß. Jetzt muss alles schnell gehen, dachte er sich. Doch daraus wurde nichts. Der Rettungshubschrauber konnte nicht auf Hooge landen, wegen schlechter Sicht.

Stattdessen wurde der Seenotkreuzer angefordert. Der brauchte eine Stunde bis nach Hooge. Weil aber gerade Niedrigwasser war, kam das Schiff nicht von der Hallig weg. Später war der Zielhafen Dagebüll von drei Fähren blockiert. Endlich dort angelegt, bekamen die Helfer Piepgras nicht raus aus dem Schiff. Wegen des niedrigen Wassers war der Ausstieg zu steil. Deshalb rückte die Feuerwehr mit der Drehleiter an, um ihn aus dem Schiff zu hieven. Fünf Stunden hat es gedauert, bis Piepgras im Krankenhaus eintraf.

Am Ende war es doch kein Herzinfarkt, zum Glück, sondern eine „Entgleisung“, wie die Ärzte es formulierten. Piepgras: „Als ich die Diagnose hörte, habe ich denen gesagt: Entgleisung, das passt, dafür bin ich in Nordfriesland bekannt.“

Heute ist Piepgras längst wieder zurück in seiner Rolle als emsigster Hooger aller Zeiten. Ich aber bin ins Grübeln gekommen.

Ich habe mir überlegt, meine Erste-Hilfe-Kenntnisse aufzufrischen. Jeder, der Hooge besucht, sollte das tun. Meine letzte Herzdruckmassage an einer Puppe samt Mund-zu-Mund-Beatmung liegt 30 Jahre zurück. Und wie man einen Bewusstlosen in die stabile Seitenlage bringt, da müsste ich lange nachdenken. Entscheidende Minuten, die fehlen, wenn Herr Piepgras das nächste Mal entgleist.

Leider musste ich nun erfahren, dass meine Erste-Hilfe-Pläne ihm erst mal nichts nutzen werden. Piepgras ist an einer Form von Leukämie erkrankt. Er erzählte es mir, als ich ihn neulich zufällig auf der Fähre nach Hooge traf. „Das kannst du ruhig schreiben“, hat er gemeint. „Auf Hooge kann man sowieso keine Krankheit verheimlichen.“

Piepgras hat mittlerweile für sechs Monate Hallig Hooge verlassen – für die Chemotherapie in Kiel. Ich drücke ihm ganz fest die Daumen.

Illustration: Orlando Hoetzel

Von Korallen sprechen

Das Große Barriereriff vor Australiens Ostküste erlebte im Verlauf des 20. Jahrhunderts eine wechselvolle Geschichte, die sich auch an der Literatur des Fünften Kontinents ablesen lässt

Text: Beate Tröger und Paul-Henri Campbell   Illustration: Kat Menschik

Am 28. September 1897 spielt sich im australischen Großen Barriereriff eine Komödie ab: Der nervenkranke Journalist Edmund James „Ted“ Banfield aus Townsville wird von seinem Bediensteten Tom auf Dunk Island an Land getragen. Banfield ist zu schwach, um die kurze Strecke selbst zurückzulegen. Die Arbeit bei einer australischen Tageszeitung hat ihn völlig ausgebrannt. Tom, ein Aborigine, legt den abgemagerten Körper Banfields am Saum des Wassers nieder, das sich in kniehohen Wellen in der windgeschützten Bucht bricht. Kurz darauf watet auch die schwerhörige Sängerin Bertha Golding, eine Tosca im Tropenhut, vom Boot. Vier Kilometer vom Festland entfernt, sind sie nun im großen Riff, an Land. Als Golding barfüßig den feinen weißen Sand von Dunk Island betritt, schnarcht ihr erschöpfter Mann Ted Banfield bereits unter dem wolkenlosen Tropenhimmel, während Tom ein Lager aufschlägt.

Abgesehen von den dreien ist Dunk Island, oder Coonanglebah, wie die Insel von den Ureinwohnern genannt wird, völlig menschenleer. Die Ureinwohner sind vor mehreren Generationen aufs Festland gebracht worden. An der Schwelle zum 20. Jahrhundert befindet sich Australien im Umbruch: 1901 werden die Nachkommen von exilierten Straftätern, Opportunisten und Abenteurern ihre Unabhängigkeit gegenüber dem Empire der Königin von England ausrufen. Auch das nordöstlich gelegene Queensland erlebt nun eine rasante wirtschaftliche Erschließung.

Und draußen im Meer das Große Barriereriff, um 1900 noch das, was die Portugiesen 1550 in ihren französischen Karten bei der ersten Sichtung als „coste dangereuse“ vorfanden: ein schwer navigierbares Gebiet von fast 3000 Einzelriffen, in dem 1000 Inseln und unzählige Sandbänke auf einer Strecke von 2300

Kilometern entlang der nordöstlichen Küste Australiens bis nach Papua-Neuguinea den Ozean für Schiffsreisende in einen tödlichen Wirrwarr verwandeln.

Die ersten europäischen Entdecker wissen nicht, dass es sich um ein zusammenhängendes Gebiet handelt. James Cook, der nach englischer Geschichtsschreibung 1770 Australien entdeckt hatte, hält das Große Barriereriff für ein namenloses Labyrinth, darin der tiefe Pazifik sich augenblicklich zu einer Pfütze verflacht und die mächtigen Schiffe auf Grund laufen lässt. Das Riff ist chaotisch durchzogen von Gebilden, von denen die frühen Seefahrer kaum sagen können, ob es sich um Felsen oder Blumen handelt, wenn die Rümpfe ihrer Boote ohne Warnung aufgerissen werden und die gesamte Mannschaft dem Verderben anheimfällt. Shakespeare wird im „Sturm" von den Korallen schreiben, sie seien aus menschlichen Knochen entstanden, und selbst der sonst so nüchterne Charles Darwin wird beim Anblick des Korallenmeers die unerklärliche Mischung von Schrecken und Schönheit konstatieren.

In unserer kleinen Komödie ist derweil der nächste Tag angebrochen. Wir schreiben den 29. September 1897. Ted Banfield wacht auf. Noch immer befindet er sich am schaumigen Küstensaum, wo er tags zuvor niedergelegt worden war. Noch immer rinnen die Wellen in glitzernden Flächen aus der Bucht auf ihn zu und ziehen sich vor seinen Füßen wieder zurück. Ted spürt im Rücken, wie die Sonne den Sand bereits in der Frühe wärmt. Als er die Augen aufschlägt, rafft und dehnt sich über ihm eine Wolke aus rosa- und lilafarbenen Schmetterlingen, die von der Brise in den Palmenwald hinter ihm geweht wird. Noch nie, stellt Ted Banfield fest, habe er so vorzüglich geschlafen. Und zu seiner Verwunderung ist alle Schwäche aus ihm gewichen, ist er so wach, wie er nie glaubte, wach sein zu können. „Du musst übers Korallenmeer gleiten, um zu deiner Insel zu gelangen", wird er Monate später schreiben, „das Korallenmeer ist nicht wie der Busch, den man schwitzend mit den stählernen Klingen von Macheten durchhackt. Korallen sind anders. Du musst leicht darüber hingleiten wie eine Wolke, sonst erreichst du das Ziel nie."

Der Geschichte Queenslands mangelt es gewiss nicht an widersprüchlichen

Momenten und Begebenheiten. Dazu zählt sicherlich die Zeit zwischen September 1897 und August 1933, in der eine schwerhörige Sängerin und ein nervenkranker Journalist das Große Barriereriff zu einem irdischen Paradies machen. Banfield war inspiriert von Henry David Thoreau, der in den 1850ern aus Boston an die entlegenen Ufer von Walden Pond ging, um dort „bestimmt und gesammelt zu leben, um nur den essenziellen Tatsachen des Lebens Vorrang zu geben".

Ted Banfield und Bertha Golding waren Beachcomber, Aussteiger, aber keineswegs Verweigerer, vielmehr zwei fröhliche Eskapisten, Sucher und Bewohner eines Refugiums. Sie führten ein simples Inseldasein, ein Leben ohne Ansprüche inmitten der Natur. Banfields Berichte vom Inselleben, die er in mehreren Büchern der Öffentlichkeit hingab, trafen den Zeitgeist und erreichten sechsstellige Auflagen.

Durch Ted Banfield und Bertha Golding entstehen also eine neue Gefühlsprägung und ein neuer Blick auf das Große Barriereriff. Wo 50 Jahre zuvor noch viktorianische Autorinnen wie Eliza Fraser Horrorgeschichten über bestialische Gräueltaten der Ureinwohner an schiffbrüchigen englischen Ladies schrieben, tragen nun neben Banfield und Golding auch weibliche Naturwissenschaftlerinnen wie die Zoologin Gwynneth Buchanan, die Botanikerin Mary D. Glynne oder die Biologin Freda Bage dazu bei, die ihre Naturforschungen am Riff einfühlsam in literarische Naturbeschreibungen überführen.

Dies bleibt nicht ohne Folgen.

Denn alle Genannten deuten das Große Barriereriff nicht mehr als eine unliebsame und gefährliche Barriere zwischen Queensland und dem Welthandel, sondern als ein komplexes Ökosystem. Wie etwa die Kolonien der tropischen Vögel, die Flügelschlag um Flügelschlag zwischen den Inseln im Riff und in Mikronesiens, Hawaiis und Alaskas Atollen umherziehen, bis sie sich periodisch auf Dunk Island niederlassen, vier Millionen Tiere auf einer halben Meile Strand.

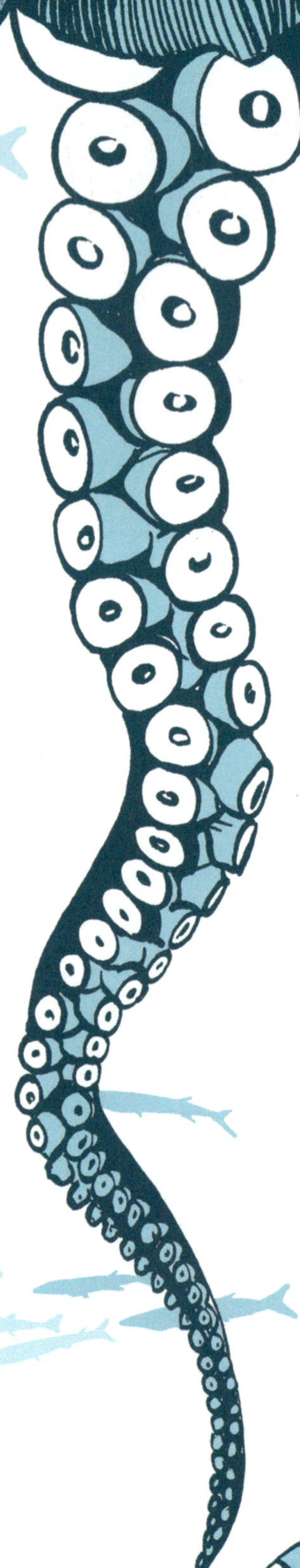

Mark O'Connor

Brief vom Great Barrier Reef

Hier im Pazifik, an meinem Küstenstreifen,
denke ich über das andere Meer nach,
die weinrote See, darauf Homers Skiffe treiben,
jenes *mare nostrum*, wo nur wenige Korallen sind,
wo unsre Verse ihren Anfang nahmen
und wohin die Dichter zurückkehren.

Ein Wunder, dass Shakespeare nie den Seegang wagte,
blieben doch Englands Verse niemals bloß zu Hause
und war doch ihr Reichtum so sehr vom Osten geliehen,
so sehr, wie auch ihre Seele genährt war von der Flotte.

Wordsworth und Coleridge, es ist wahr,
obwohl weit gereist, sind nicht so weit gefahren.
Doch Keats und Byron strebten nach der Sonne.
Ihr Tonfall war englisch, der Süden ihre Heimat.
Sie reisten, um zu leben, zu fühlen und zu dichten
im südlichen Gefilde und dessen klarem Licht,
worunter Shelley sie fand an den hellichtesten Tagen:
die runden Marmorvillen, die in der Bucht von Baiae lagen.

Hier hätte Browning seine Home Thoughts from Abroad
geschrieben, segelte sein Geist nicht nach Italien fort.
Und so war einem generellen Exodus von diesem
Dichter Milton bis Pound die Richtung gewiesen.

Verse sind so aus furioser Exaltation entstanden,
und manche nur „In Dejection", offen gestanden:
seltsame, halbgare Zwiegespräche mit den Musen
(die allerdings in jenen Breiten aus besseren Tagen
gerne die jungen Dichter atzten mit antiken Sagen),
vermengt mit Betrachtungen, ganz verschmuste,
zum Zeitgeschehen und Ansichten von Freunden,
flüchtige Dinge, aus einer Welt mit lichteren Räumen,
deren Flagge bald überall offen sich wird bäumen.

Und als sie starben, nahmen die Lehrer ihre Reime,
benoteten sie neu und datierten sie wie Weine:
Sie brachten den Kindern bei, sie zu loben, als Lot
für einen Stil, den ihnen nur ein fernes Klima bot.

Und so beginnt die „Erschreibung“ des Großen Barriereriffs, legt sich allmählich die Sprache wie ein Schutzschild um die Landschaft, wird das Riff als Gegenstand des Sprechens zur eigenständigen Größe. Sosehr es insbesondere nach dem Zweiten Weltkrieg durch industrielle Ausbeutung gefährdet ist, so schützt diese „Natur“ es vor einer rohen Verdinglichung, die nur Nutzen ohne Nennung kennt.

Der 1945 geborene australische Dichter Mark O'Connor beispielsweise sieht sich in seiner Dichtung in direkter Linie zu Ted Banfield, wenn er schreibt: „vom Journalisten, halb blind und todesnah, / der sich die schönste Insel der Welt lieh, / in Tagen, da das große Reef noch im Nirgendwo lag / auf dem besitzbaren Globus“. O'Connor geht noch einen Schritt weiter. Er stilisiert, während er selbst auf Dunk Island wohnt, die entrückte Schönheit des Riffs zum Bollwerk gegen eine hässliche Welt: „Ich schreib von hier mundfaule, alberne Postkarten: / ‚geht gut hier! hab eine wunderbare Zeit / und wünsch mir, Mao und Chou und Ford und Breschnew / wären auch hier, Seesterne gucken‘, / Ich hab vor, hier glücklich zu sein.“

Das stille Refugium, die paradiesische Welt des Riffs, wird in Versen wie diesen zu einer politischen Waffe, einer Gegenwelt. Dieser erschriebene Status wird dem Großen Barriereriff selbst auch zu seinem eigenen Schutz dienen, wenn Bohrer und Kräne, wenn Bagger vom Festland angeflutet werden, um auf dem Meeresgrund nach Rohstoffen zu suchen, auf die Gefahr hin, die Gestalt des Riffs zu zerstören.

Gleichzeitig setzt O'Connor – und das macht die Überzeugungskraft seines Schaffens aus – die noch junge australische Literatur ins Verhältnis zur europäischen Tradition, wie sein bekanntes Gedicht „Brief vom Great Barrier Reef“ eindrücklich zeigt.

Das Ich in „Brief vom Great Barrier Reef“ konfrontiert den Anblick des Pazifiks mit dem Mittelmeer. Doch die mediterrane Welt mit ihrer Mythologie, mit ihren literarischen und historischen Traditionen erscheint plötzlich dem Klima Australiens viel näher als dem verhangenen Wetter auf den Britischen Inseln. Shakespeare, Wordsworth, Coleridge, Keats, Byron, Shelley, Milton, Pound – mit den Namen, die im Gedicht aufgerufen werden, defilieren nicht nur die Autoren als historische, mehr oder weniger reiselustige Gestalten vor dem inneren Auge des Sprechers vorbei. Sie werden ironisch als Fremdlinge einer sonnendurchfluteten Literatur Italiens und Griechenlands entlarvt. Über den Umweg ihrer Gepflogenheiten werden auch ihre stark affektbeladenen und dabei ästhetisch und historisch dauerhaften Verse durch O'Connors schelmischen Szenenwechsel exiliert. Die Aufnahme eines in Europa entstandenen Kanons an englischsprachiger Literatur wird durch die geografische Vertauschung unter der Hand problematisiert. Gleichzeitig zeichnet O'Connor das Korallenmeer vom Großen Barriereriff auf der Karte als romantisch überhöhten Landstrich ein. Wie das Mittelmeer ist das Riff ein verwunschener Ort, der in seinen Bewohnern inspirative Kräfte weckt, die das kalte Klima etwa von Schottland oder Cornwall möglicherweise hemmen könnte. ➢

Gerry Turcotte

Great Barrier Reef

Eine Stunde von Michaelmas Cay
sprachen wir von Korallen und rostigen Ankern –
und am meisten wurde gesprochen von der Angst.
Schlechte Sicht
von allem, was glitschig wie ein langer dunkler Arm
aus den Schatten hervorragen
und dich berühren könnte, ehe du's begreifst.

Manche von uns waren bleich,
andere noch den weißen Liebkosungen der Sonne verfallen,
ihre Nasenrücken blättrig wie Zwiebelschalen.

Beim Ankommen
panisch auf unserem Treibgut
von der submarinen Gefahr
buhlen wir um Position auf meerblauen Leitern.

Niedergetaucht, öffnen wir unseren Geist
der kühlen salzigen Berührung
und zittern im Spiel, das der Ozean mit uns treibt,
während wir dauernd an die Haifische denken.

Doch als zeppelingleich
einer plötzlich an uns vorübersegelte,
war nicht ein Feigling unter uns,
der ihm nicht gefolgt wäre in die Tiefe.

Robyn Lance

Great Barrier Reef

An Größe der Neoprenanzüge übertroffen,
watschelt eine namenlose Menge
an Touristen mit Fußextensionen vorbei
und gleitet in die Unterwelt
des Riffs.

Die Häupter untergetaucht
kämpfen die Atemnötigen
mit ihrem Drang einzuatmen
Panik
bis Flosse und Sichtfeld
aufeinander abgestimmt sind
und Klarheit einsetzt.

Eine Fischschule
glitzert silbern vorüber
ein silbriger Konfettiregen
eine Parade.

Riesenmuscheln
gummiartig im Alter
grinsen an Land
wo sie liegen
ist ein Geburts-
fehler.

Gereizte Fische
mit Botox-Lippen
lumineszieren
und reichen einem die Flosse
im Vorbeischwimmen.

Fünfeinhalb Tage habe Gott geschuftet, um am siebten Tag den Schnorchel und die Taucherbrille zu erschaffen, schreibt O'Connor. Und er bereichert die Naturlyrik seiner Landsleute um eine spirituelle Qualität, die er aus den Geschichten der Aborigines nimmt und mit religiösen Bildern des Abendlands kombiniert.

Eine ganze Generation von Nachkriegsdichtern macht sich also in Australien auf, um das von Ausbeutung und Klimawandel bedrohte Korallenmeer ins Bewusstsein ihrer Leser und der Welt zu heben. Zahlreiche großartige Gedichte entstehen, wie etwa Oodgeroo Noonuccals Sammlung „Die Regenbogenschlange" (1988). Charakteristisch vermischen sich in der Wahrnehmung des Riffs emanzipatorische, kapitalismuskritische, autarke und utopische Impulse, die ohne die natürliche Umwelt des Großen Barriereriffs sang- und vor allem bildlos in einer ohnmächtigen Wut verklungen wären. Die Natur des Riffs liegt als eine Bildwelt bereit, um viele spätkapitalistische Erfahrungen von Fragilität, Verdinglichung, Verschmutzung nicht abstrakt, sondern konkret auszudrücken. Aus dem Riff geborene Metaphern künden daher nicht nur von der sensiblen Verfassung der Natur, sondern auch von der erschütterbaren Grundlage der modernen Welt überhaupt.

Schaut man beispielsweise auf Gerry Turcottes Gedicht „Great Barrier Reef", so wird diese doppelte Inanspruchnahme der Bildwelt des Riffs deutlich. Auf der einen Seite wird die submarine Welt zur Projektionsfläche für menschliche und innerpsychische Konflikte und Ängste, auf der anderen Seite kippt Turcottes Gedicht zunehmend in eine ambivalente Traumwelt, die auch geopolitische Konflikte, wie Flüchtlinge, die auf Treibgut panisch versuchen, Land zu erreichen, in das Bedeutungsfeld der Verse einrückt.

Michaelmas Cay ist die größte unbewohnte Sandinsel in der Region um Cairns, eine relativ gut geschützte Insel der gleichnamigen Riffformation, die, egal ob Ebbe oder Flut, immer über dem Meeresspiegel liegt. Im Gedicht von Gerry Turcotte dient sie dazu, den Standpunkt des Sprechers zu verorten, der mit einer nicht näher bestimmten Anzahl von Menschen im Gespräch ist, die womöglich zu einem Tauchgang unterwegs sind. Gegenstand der Unterhaltung sind die Korallen des Riffs, Formationen der Natur, und „verrostete Anker", Spuren einer Zivilisation, die bereits von der Natur getilgt werden.

Beides liegt unter der Wasseroberfläche, die hier als Grenze zwischen dem Bewusstsein und dem Unbewussten erscheint: Was unter der Wasseroberfläche liegt, wirkt bedrohlich und unkalkulierbar. Ein ambivalenter Affekt zwischen Angst und Neugier, der mit dem Tauchen unter die Wasseroberfläche verbunden ist, die Angst vor den Haien, sie erscheinen in dem Gedicht zugleich als Angst oder zumindest Unsicherheit gegenüber dem Unbewussten, über mehrere Reflexionsstufen vermittelt, könnte man sie auch als

Scheu begreifen, sich der Natur auf nächste Nähe hin zu nähern, als Skrupel vor einer Kraft, die „rostende Anker“ und hungrige Haie zeitigt – eine Angst, die in diesem Gedicht als überwindbare Herausforderung geschildert wird.

Während also einerseits eine verblichene Koralle zum Symbol allen erdenklichen Wehs und Leidens werden kann, so dass Mark O'Connor sogar einmal spottet „Queensland ist übersät mit den zerbrochenen Träumen der Menschheit“, so erscheint hier das Riff selbst als Naturwelt bedroht. Der Autor denkt an die realen Schiffswracks, die im Riff anzutreffen sind, aber auch an die Bierdosen, ölverseuchten Seevögel, Plastikflaschen, angefluteten Container, Surfbretter, Kondome und im seichten Wasser verlorenen Schlüpfer, die die Sandbänke und Küstenstreifen im Gebiet des Riffs übersäen.

Anders als bei anderen Naturdenkmälern wie den Alpen, den Regenwäldern, dem Tal von Yosemite oder der Arktis ist es in Australien gelungen, das Große Barriereriff zum Symbol der moralischen Verantwortung der Menschheit für die Erde zu erheben, es diskursiv und ikonisch festzuzurren im Bewusstsein der Welt. Nur: Wer das Riff tötet, tötet auch das Symbol des Riffs. So wird die Erhaltung der sensiblen Ökologie des Großen Barriereriffs nicht nur zu einer Umweltschutzmaßnahme, sondern mahnt an die Verantwortlichkeit des Menschen für die Umwelt.

Eine Bewegung, die zunächst aus einem kleinen Kreis von Schriftstellern, Malern, Fotografen und Filmemachern besteht, macht dies besonders deutlich. In ihrem Zentrum steht die Dichterin Judith Wright (1915–2000), die in Gedichten wie „Unknown Water“ Verbindungslinien zwischen dem Umgang des Einzelnen mit der Natur im Spannungsfeld kollektiver Interessen und Verantwortlichkeiten zur Sprache brachte. In dem Gedicht, das eine Trockenperiode in Australien zum Ausgang nimmt, wird die Verantwortung des Menschen für die Natur offenbar. Die Sprecherin des Gedichts sieht sich als Aufklärerin und Mahnerin für einen bewussteren Umgang mit der Natur; wer die Verantwortung für die Umwelt übernimmt, erreicht ein anderes Bewusstsein:

„War auch das Land, durch das ich reiste, nicht ein / Land wie's dir beliebt; / und als ich aufwuchs, verloren sich die Klänge deiner Geschichten / und ich hörte in meinen nächtlichen Träumen nur Klänge der Hunde / und Rinder und galoppierenden Pferde. Ich bin nicht du, / aber du bist ein Teil von mir. Geh in stillen Schritten mit mir, alter Mann; / Ich helfe dabei, einen Weg zu bahnen in unbekannte Gewässer.“

Wright, die ab den späten 1960er-Jahren als engagierte Sprecherin einer ökologischen Bewegung auftrat und sich gegen den Plan wandte, Korallen abzubauen und Öl im Riff zu fördern, begreift das Great Barrier Reef als „coral battleground“, als korallenes Schlachtfeld, einen Ort der Entscheidung. Judith Wrights Buch, das Anfang 2018 im australischen Verlag Spinifex Press neu aufgelegt worden ist, setzte eine ökologische Bewegung in Gang, und ihr Kampf um die bedrohte Schönheit eines labilen und fragilen Ökosystems riss auch die sonst oft etwas behäbig und weltabgewandt anmutende Naturlyrik in einen Strudel beharrlicher Entschiedenheit.

Anders gesagt: Wer das Riff verdinge und ausbeute, es zerstöre, der zerstöre auch die humane Sensibilität, die es in der kulturellen Identität Australiens hervorgebracht hat.

Die Germanistin und Anglistin Beate Tröger, geboren 1973, lebt in Frankfurt/Main und arbeitet als Moderatorin und freie Kritikerin für Print und Hörfunk.
Paul-Henri Campbell, Jahrgang 1982, studierte katholische Theologie und klassische Philologie. Soeben erschien sein Buch „Tattoo und Religion“ im Verlag Das Wunderhorn. Er übersetzte die hier abgedruckten Gedichte aus dem Englischen. Die Originale finden Sie auf www.mare.de/riffgedichte.
Kat Menschik, Jahrgang 1968, lebt in Berlin. Die mehrfach ausgezeichnete Illustratorin arbeitet für eine Reihe von Zeitungen und Magazinen und widmet sich der Bebilderung von Büchern.

Werner Lebert:
„Skagerrak.
Auf Fangfahrt mit der ‚J. v. Cölln'",
Plexus, Amorbach, 2018,
96 Seiten, 14,90 Euro

Mehr als neun harte Tage

Werner Lebert war mit einem Trawler auf Fangfahrt. Sein Bildband zeigt eine bis zur Erschöpfung schuftende Männergemeinschaft

DER WIRBEL DER VOR EINEM WOLkenlosen Horizont schäumenden Wellen scheint eine sorglose Reise anzukündigen. Dass das Motiv auf dem Einband des Buches täuscht, erfährt man schon auf den ersten Seiten. Ein vorangestelltes Zitat des im Jahr 1859 geborenen US-Schriftstellers John Augustus Shedd lässt keinen Zweifel daran, dass man gerade dabei ist, in eine gefährliche Welt einzutauchen: „Ein Schiff im Hafen ist sicher, doch dafür werden Schiffe nicht gebaut."

Werner Lebert ließ den sicheren Boden in Cuxhaven hinter sich. Er stieg an Bord der „J. v. Cölln", um Teil der bunt zusammengewürfelten Mannschaft rund um Mustapha, Jorge, José und Abilio zu werden. Ziel war das Gebiet vom Skagerrak bis hoch zu den Färöerinseln. Die erhoffte Beute: Seelachs und Kabeljau.

Die ersten Tagebucheinträge kommen auffällig sachlich daher: „Die Männer nutzen Grundschleppnetze mit besonders breiten Maschen. Zur Schonung der Jungfische und zur Vermeidung von unerwünschtem Beifang arbeitet die Crew mit Maschen, die über 25 Prozent größer sind als vorgeschrieben, ganz im Sinne einer nachhaltigen Fischerei."

Auf dem Weg nach Hanstholm, dem größten Fischereihafen Dänemarks, dämmert es Lebert, dass die Fahrt kein Zuckerschlecken wird. Vor dem kalt peitschenden Wind gibt es keinen Schutz. Der Magen macht sich bemerkbar. Bei hohen Windstärken ist an Schlafen nicht zu denken. Der Fotograf teilt sich die Kajüte mit einem 72-jährigen Friesen. Kalle ist seit 60 Jahren auf den Weltmeeren unterwegs. Er rät dem „Landei", reichlich zu essen. Der Kalorienverbrauch an Bord ist enorm. Hinter den Bohrinseln werden die ersten Netze ausgeworfen. Der Fang landet in der Schlachterei am Zwischendeck. Für die durchschnittlichen sechs Tonnen Fisch waten die Männer bei einer Temperatur von ein Grad über dem Gefrierpunkt sechs Stunden lang durch ein Gemisch aus Salzwasser und Fischblut. Und das nicht nur einmal, versteht sich.

Der älteste Fischer an Bord ist 72 Jahre alt

Auch die Möwen wollen vom Seelachs- und Kabeljaufang ein Stück abhaben

Allmählich ändert sich Leberts Ton. Er wird persönlicher: „Ich habe jedes Zeitgefühl verloren. Gegen Mitternacht wird es dunkel. An Bord herrscht Rasierverbot. Bringt angeblich Unglück. Seemänner sind abergläubisch." Über den plötzlichen Anblick von Orcas verliert er kaum noch ein Wort. Seine Begründung fällt lakonisch aus: „Sie würdigen uns keines Blickes."

Kapitän Fritz erzählt ihm von seinen Erfahrungen mit Kriegsmunition. Er hat Karten angefertigt, auf denen „der ganze Müll" verzeichnet ist. Die Vorsorge ist nötig. Nach einer Bombenexplosion auf See landete er einmal mit einer Lungenverletzung in der Hamburger Uniklinik.

Immer wenn die Gesprächsbereitschaft abnimmt, greift Lebert zur Kamera. Seine Bilder dünsten den sauren Schweiß im Angesicht der Arbeit aus, schmecken nach gedrängtem Hausen, atmen das fahle Licht am stets bedeckten Himmel. Lichtreflexe entdeckt er, wenn überhaupt, auf den ins Wasser eindringenden, sanft glänzenden Eisenketten. Es entstehen harte

Dunkel wird es erst gegen Mitternacht

und ungeschönte Momentaufnahmen von bis zur Erschöpfung schuftenden, in kaltes Nass getauchten Kapuzengestalten, auf denen ein mattes Weiß und verschattetes Silbergrau dominieren.

Am siebten Tag macht das Wetter das Fotografieren auf dem Deck unmöglich. Dann schlägt die Stunde des Fischmeisters Lopes. Er sortiert unten den Fang in Plastikwannen. Seine Hände stecken tief in Eis. Wie sie sich anfühlen, möchte man sich nicht ausmalen.

Zurück in Hanstholm, ist der Fang nach drei Stunden in Kühlhallen verfrachtet. Die Auktion ist für den Morgen angesetzt. Der Ausflug mit den „echten Männern", die „längst Freunde" geworden sind, ist vorbei. Die Gefahr um Leib und Leben überstanden. Zumindest für den geduldig beobachtenden Gast dieser eingeschworenen Gemeinschaft.

Alexandra Wach

Jennifer Egan:
„Manhattan Beach",
aus dem amerikanischen Englisch von Henning Ahrens,
S. Fischer, Frankfurt/Main,
2018, 496 Seiten, 22 Euro

Taucherin will sie werden

Große Literatur: Pulitzer-Preisträgerin Jennifer Egan begleitet ihre Heldin zur Zeit des Zweiten Weltkriegs auf eine New Yorker Werft

ES IST EINE DRÖGE ARBEIT. ANNA Kerrigan misst Metallteile aus, Tag für Tag, Woche für Woche. Es ist aber auch eine notwendige Arbeit, eine überlebenswichtige gar. Denn Anna arbeitet auf dem Brooklyn Naval Yard, einer Werft, wo die United States Navy diejenigen Schiffe baut und repariert, die den Vereinigten Staaten im Zweiten Weltkrieg zum Sieg über Deutschland und Japan verhelfen sollen. Anna träumt aber von einem ganz anderen Beruf, seit sie die mutigen Männer beobachtet hat, die in schweren, ungeschlachten Anzügen in die Tiefe hinabtauchen, um die Schiffe unter der Wasseroberfläche zu reparieren. Anna will Taucherin werden. Als Frau Anfang der 1940er-Jahre? Das ist selbst in Kriegszeiten, wo zahlreiche Frauen in der Heimat die Männer ersetzten, die in den Kampf gezogen waren, ein mehr als aussichtsloses Unterfangen.

Allein dieses Ziel macht Anna Kerrigan zu einer spannenden und sympathischen Protagonistin in Jennifer Egans neuem Roman „Manhattan Beach". Egan, die für ihr Buch „Der größere Teil der Welt" 2011 mit dem Pulitzerpreis ausgezeichnet worden ist, bietet den Lesern aber noch mehr. Annas Schicksal ist untrennbar mit den Figuren ihres Vaters Eddie Kerrigan und des halbseidenen Dexter Styles verbunden. Styles ist ein Gangster – charmant, aber zwielichtig, sympathisch, aber mit Skrupeln nicht allzu sehr belastet angesichts seines Berufs.

Als Anna in der Handlung elf Jahre alt ist, trifft sie Styles zum ersten Mal in dessen vornehmem Haus am Manhattan Beach in Brooklyn. Ihr Vater Eddie, im bürgerlichen Leben durch die Weltwirtschaftskrise mehr oder weniger ruiniert, ist in dessen undurchsichtige Geschäfte verwickelt.

So wird die Handlung zu mehr als der einer Geschichte einer starken Frau. Egan hat eine Art Gangsterstory geschrieben, dazu ein Stück weit auch eine Familiengeschichte. Alles wohlproportioniert, garniert mit überzeugenden Dialogen. Zehn Jahre hat Egan für den Roman recherchiert, ein Fleiß, der sich gelohnt hat.

Wie der Name des Romans nahelegt, spielt auch das Meer eine gewichtige Rolle in „Manhattan Beach". Dexter Styles lebt am Meer, Eddie Kerrigan wird eine Begegnung mit dem feuchten Element fast nicht überleben, und seine Tochter Anna träumt davon, ins Wasser des Atlantiks hinabzutauchen.

Es ist nicht zu viel verraten, dass sie dieses Ziel erreicht. Und als einzige Frau unter Männern reüssiert, sich gegen alle Widerstände den Respekt ihres Vorgesetzten erwirbt. Man merkt, dass sich die Autorin ausgiebig mit dem Tauchen beschäftigt hat. Egan probierte selbst einen „Mark V" an, einen gut 100 Kilogramm schweren Taucheranzug. Sie studierte Fachliteratur, führte zahlreiche Interviews mit Experten und sprach mit der ersten Tiefseetaucherin der United States Army.

„Manhattan Beach" ist derart vorbereitet ein überaus lesenswertes Buch geworden, das mit Sachverstand und Leidenschaft geschrieben wurde. Durch die Vielzahl der Erzählstränge entsteht ein lebendiges Panorama dieser Zeit. Und nicht zuletzt der Stadt New York wie auch des Meeres.

Marc von Lüpke

Ita Heinze-Greenberg:
„Die Europäische Mittelmeerakademie. Hendricus Th. Wijdeveld, Erich Mendelsohn und das Kunstschulprojekt an der Côte d'Azur",
gta, Zürich, 2019,
304 Seiten, 65 Euro

Unter der Sonne der Côte

Die Crème de la Crème der Architektur- und Kunstszene traf sich in den 1930er-Jahren in Südfrankreich zur Mittelmeerakademie

INSPIRIERT VON REISEN UND VOM transdisziplinären Ansatz des Weimarer Bauhauses plante der Amsterdamer Publizist und Künstler Hendricus Theodorus Wijdeveld zusammen mit dem Berliner Architekten Erich Mendelsohn zu Beginn der 1930er-Jahre eine europäische Kunstschule an der Côte d'Azur.

Die Architekturhistorikerin Ita Heinze-Greenberg versteht es geschickt, Auszüge aus Briefen mit Handzeichnungen und Reisebeschreibungen aus 18 verschiedenen Archiven in diese Zeitgeschichte einfließen zu lassen.

Neben der Trias von Malerei, Skulptur und Architektur ist Heinze-Greenberg im Buch den Kunststrängen und prägenden Persönlichkeiten in Innenraumgestaltung, Bühnenkunst, Typografie, Keramik und Textildesign sowie Musik, Tanz, Fotografie und Film nachgegangen.

Zum Comité d'Honneur der Mittelmeerakademie gehörten Hendrik Petrus Berlage, Albert Einstein, Max Reinhardt, Igor Strawinsky und Frank Lloyd Wright. Der Maler Amédée Ozenfant wurde als dritter Direktor in das Projekt eingebunden.

Ästhetisch ansprechend ist auch die Illustration mit Kunstwerken gewählt, die die Longue durée der „Ästhetik" des Mittelmeers verkörpern: von einer Muschelvenus in Pompeji über Gustave Courbets „Die Woge" (1869) und Aristide Maillols berühmter „La Méditerranée" (1905/07) bis „Die Terrasse, Saint-Tropez" (1904) von Henri Matisse.

Raum, Licht, Farben der Natur – der Blick auf das weite Meer könnte die Gedanken für das „imaginierte Mögliche" öffnen, so der zitierte kulturphilosophische Exkurs Paul Valérys.

Das lange gesuchte Grundstück in Cavalière an der Côte d'Azur bot den gewünschten Ausblick auf das Meer, die Îles d'Hyères und das Küstengebirge, „105 Hektar Land für umgerechnet 3024 Franks". Das recherchierte Zahlenwerk wirkt aus heutiger Sicht unglaublich, ebenso wie die Chronik der Ereignisse von Mai 1933 bis Mai 1935. Erst ein Waldbrand im Juli 1934 und die politischen Realitäten setzen dem Akademieprojekt ein tragisches Ende.

Nicht nur Architekturinteressierten bietet Heinze-Greenberg eine informative Übersicht über die diversen Entwürfe der Akademiegebäude in den 1920er- und 1930er-Jahren. Sie veranschaulicht, wie die Werkgemeinschaft der Akademie gesamteuropäisches Gedankengut aufnahm und sich zugleich, im Unterschied zum Bauhaus, auf das klassische Erbe des Mittelmeerraums bezog.

Das Buch beginnt die eindrückliche Ideen- und Planungsgeschichte mit der Reise Mendelsohns und Wijdevelds nach Jerusalem und Ägypten in den 1920ern und endet mit Wijdevelds Reise 1948 nach Nordamerika, wo sich das Kollegium der Akademie als Professoren an namenhaften Bildungsinstituten und Universitäten versammelt hat: Ozenfant in New York, Mendelsohn in San Francisco, Hindemith in Yale, Bonifas in Kalifornien und Chermayeff in Chicago.

Heinze-Greenberg ist nach vieljähriger Lehr-, Reise- und Recherchetätigkeit eine reich bebilderte, spannende Geschichte in handlichem Umfang geglückt. Diese handelt nicht zuletzt von Künstlerfreundschaften zwischen den Meeren.

Franziska Puhan-Schulz

Rita Indiana:
„Tentakel",
aus dem dominikanischen Spanisch von Angelica Ammar,
Wagenbach, Berlin, 2018,
160 Seiten, 18 Euro

Idyllisch ist anders

Rita Indianas Roman über die „DomRep" ist ein Prankenschlag

IM UNTERSCHIED ZUM BENACHBARten Haiti gilt die Dominikanische Republik nicht nur als Tourismusparadies, sondern schlicht als jener Teil der Insel Hispaniola, in dem es sich auch für Einheimische ungleich besser leben lässt. Keine Erdbeben und andere Naturkatastrophen wie im westlichen, schrofferen Teil, weiße Sandstrände statt abgeholzter Berghänge. Im Unterschied zur blutigen Diktatur der beiden Duvaliers, die nicht nur auswärtige Romanciers wie Graham Greene, sondern auch haitianische Autoren wie René Depestre zur Literarisierung provozierten, schien es in der Dominikanischen Republik stets beschaulicher zuzugehen. Dass dieses Idyllenbild jedoch auf Ignoranz beruhte, hätte jeder wissen können, der Manuel Montalbáns „Spiel der Macht" und Mario Vargas Llosas „Fest des Ziegenbocks" gelesen hatte, zwei packende Romane über die fast ebenso mörderische Diktatur des Rafael Leónidas Trujillo. Freilich: Es waren ein Spanier und ein Perua-

Berühmt in der Karibik: Rita Indiana

ner, die mit diesen Büchern dem Inselstaat einen Platz auf der literarischen Landkarte sicherten; von dominikanischen Autoren war bislang nichts vernommen worden.

Genau das hat sich jetzt geändert, und zwar mit Aplomb. Die im karibischen Kulturraum längst als innovative Musikerin und tabulose Schriftstellerin berühmte Rita Indiana wird nun dank der deutschen Übersetzung ihres dystopischen Romans „Tentakel" auch hierzulande bekannt. Dieses ebenso konzise wie brutale und sinnliche 160-Seiten-Buch ist ein Muss für jeden zukünftigen Inselbesucher, doch alles andere als behagliche Strandlektüre.

Die „DomRep" des Romans ist hier ein von verseuchtem Meer umgebenes Eiland, auf dem in China produzierte Roboter Jagd auf Flüchtlinge machen, um sie anschließend mit ihren Eisenkrallen zu zermalmen. Regiert wird das Land von einem Linkspopulisten, der einst mithilfe kesser Sprüche und YouTube-Videos an die Macht gekommen war. Mittendrin: Die androgyne Hausangestellte Acilde, die für eine mit dem Präsidenten verbandelte Voodoopriesterin arbeitet. Doch weder die versehrte Natur noch die manipulative Religion – und schon gar nicht das sexuell ambivalente, fragile Privatleben der Protagonisten – bieten Refugien in dieser Welt aus Verfall, Gefahr und unfrohem Feiern.

Rita Indiana, eine der wenigen offen homosexuell lebenden Schriftstellerinnen der Karibik, ist mit „Tentakel" nicht nur ein beunruhigendes Kammerspiel gelungen, sondern auch eine bewusst wüste Travestie auf Tourismusidyllen und Sozialkitsch. Denn keine wohlfeilen Sprüche und Ideen erretten mehr aus der Misere, und ob zumindest Acilde dem unaufhaltsamen Niedergang entkommen kann, bleibt bis zuletzt ungewiss. Ein Buch wie ein Prankenschlag. ∞

Marko Martin

Nele Gülck:
„Der Baum des Paradieses. Die Sammlung von Alf Trojan",
Kerber, Bielefeld, 2018,
96 Seiten, 28 Euro

Palmen (fast) wie Sand am Meer

Die Sehnsucht nach der Ferne kennt ein Symbol: die Palme. Ein Sammler und eine Fotografin lassen uns an der Sehnsucht teilhaben

IN BIBLISCHEN ZEITEN NOCH SINNbild für Fruchtbarkeit (Psalm 92,13), dient die Palme heute eher als Symbol für ferne Gefilde und Südseestrand. Schon bei Heine träumt der Fichtenbaum „einsam im Norden auf kahler Höh … von einer Palme … fern im Morgenland".

Inzwischen gilt der Baum mit seinem aufragenden Stamm und den krönenden Blättern längst als das Sehnsuchtsmotiv schlechthin, kaum wegzudenken von Urlaubsplakaten oder Hawaiihemden, beliebtes Motiv aber auch auf Mitbringseln für die Daheimgebliebenen: vom Shampoofläschchen über gehäkelte Haarklammern bis zu Schneekugeln.

Diese kleinen Objekte sind es, denen Alf Trojans Sammelleidenschaft gilt. Selbst Nagelknipser finden sein Gefallen, solange denn eine Palme darauf zu erkennen ist. In fast fünf Jahrzehnten trug Trojan, von Beruf Medizinsoziologe, mehr als 1500 Stücke zusammen. Er fand sie auf Flohmärkten oder in Souvenirshops oder bekam sie von Freunden geschenkt, bis irgendwann kein Platz mehr in der Wohnung war. 2017 schenkte Trojan seine Sammlung der Hanseatischen Materialverwaltung, ein Requisitenfundus in Hamburg. Hier entdeckte sie die Fotografin Nele Gülck.

Um die schönsten Exemplare abzulichten, baute Gülck in der frostigen Lagerhalle eigens ein mobiles Fotostudio auf: Vor sandfarbenem Hintergrund stellte sie die Objekte neu zusammen, und weil sie dabei die kleinen Macken und Schrammen, die einige Objekte haben, nicht ausblendete, gewinnt die einstige Massenware eine ganz eigene Aura. ∞

Roland Brockmann

Schier unerschöpflich: die Fantasie der Souvenirproduzenten

69. Internationale Filmfestspiele Berlin,
Februar 2018,
www.berlinale.de

Das verlorene Paradies

Politisches im Privaten zu finden war das Leitmotiv der 69. Berlinale. Auch der filmische Blick auf das Meer war dabei wenig beruhigend

„ICH HABE ANGST VOR DEM MEER“, sagt Elisa, Marcela nimmt sie bei der Hand, das Bad der Frauen ist der Beginn ihrer Liebesgeschichte und Symbol einer sexuellen Befreiung, die sich in Wahrheit zugetragen hat, im Spanien des späten 19. Jahrhunderts. Die spanische Regisseurin Isabel Coixet hat einen betörenden Schwarz-Weiß-Film über das Paar gedreht, das seinerzeit sogar die Ehe schloss, mit Elisa als Mann verkleidet. Der Wettbewerbsbeitrag **„Elisa y Marcela“** hat dem Meer einen seltenen Moment der Hoffnung geschenkt, während einer Berlinale, die sich auf die Fahnen geschrieben hatte, das Politische im Privaten zu erkunden.

Für Schwelgerisches blieb da wenig Platz. Der Strand geriet zum Fluchtpunkt, ein Ort der Unschuld, die die Filmhelden schon lange verloren hatten. Im italienischen Wettbewerbsfilm **„La Paranza dei Bambini“**, ausgezeichnet mit dem Silbernen Bären für das beste Drehbuch von Regisseur Claudio Giovannesi, Drehbuchautor Maurizio Braucci und Roberto Saviano, der auch die Romanvorlage lieferte, rast der jugendliche Anführer einer Mafiagang mit seiner Freundin auf dem Sozius an die Küste, als wäre es ein irres Vergnügen – und doch weiß er, dass es für ihn kein Entkommen mehr gibt.

Der brasilianische Film **„Marighella“** beginnt mit einem Bild des Urvertrauens. Ein Mann wiegt seinen Sohn auf Händen in den Wellen. Es ist der Guerillero Carlos Marighella, dessen Leben in der ersten Regiearbeit des Schauspielers Wagner Moura als rasanter Thriller erzählt wird. Im Kern gehe es in seinem Film um Opferbereitschaft, sagte Moura in Berlin. Die schwebenden Momente am Strand lässt Marighella hinter sich, um sich dem Kampf gegen die Diktatur zu widmen. Dem Kind bleiben Aufnahmen des erschossenen Vaters, sie sind der Off-Ton des Films: „Am Meer konnte ich frei sein. Sie haben uns gehindert, an den Strand zu gehen.“ Einen Starttermin gibt es für den Film in Brasilien noch nicht, aber bereits eine Hetzkampagne der rechten Regierung und ihrer Gefolgschaft gegen Regisseur Moura.

Gleichfalls von der Willkür der Staatsmacht, wenn auch in sehr viel milderer Form, handelt en passant der liebenswerte

Vergebliche Flucht: „La Paranza dei Bambini“

Versklavt auf dem Meer: „Buoyancy“

Dokumentarfilm **„Die Grube“**, in dem Hristiana Raykova, bulgarische Absolventin der Filmhochschule Babelsberg, den Mikrokosmos eines Thermalbads ihrer Heimatstadt Varna porträtiert. Rentner, Stricher, Kartenspieler und Glücksuchende wärmen sich täglich im Becken am Meer. „Die Aussicht, die Vögel – das beruhigt mich, als wäre ich in eigenen Gewässern“, sagt ein Besucher. Aber natürlich ist auch dieser Hort der sozialen Gerechtigkeit bedroht – das Bad soll demnächst kostenpflichtig werden, der Protest der Stammgäste bleibt ungehört.

An der Küste Cornwalls hat mancher Einheimische seine Seele notgedrungen selbst verkauft. Davon erzählt in düsterem Schwarz-Weiß mit stummfilmhafter Melodramatik **„Bait“**, ein Werk des britischen Regisseurs Mark Jenkin. Er lebt und lehrt in Englands sonnenverwöhnter Ferienregion und lässt in seinem sperrig-spöttischen Werk einen lokalen Fischer gegen blasierte Urlauber antreten. Den Städtern musste er sein Elternhaus verscherbeln, er rächt sich mit ausgesuchter Grimmigkeit. Wie Jenkins Film, auf 16 Millimeter gedreht und selbst entwickelt, die alte Zeit heraufbeschwört und gleichzeitig zu Grabe trägt, das ist echte Kinokunst.

Über die Wahrheit wird dieser Tage viel gestritten, der australische Regisseur Rodd Rathjen hat den erfolgreichen Versuch unternommen, ihr in seinem Spielfilm **„Buoyancy“** so nahe wie möglich zu kommen. Das Thema ist aktuell, es geht um Menschenhandel und Sklaverei auf thailändischen Fischkuttern. Was der 14-jährige Protagonist an Brutalität erlebt, hat Rathjen in vielen Gesprächen mit Opfern und Überlebenden recherchiert und sich bewusst gegen die dokumentarische Form entschieden, weil er das Grauen, das Menschenrechtsorganisationen wie Human Rights Watch seit Jahren anprangern, sicht- und spürbar machen wollte. Sein Meer ist ein Gefängnis, ein „Meer der Toten“, wie es in diesem eindringlichen, aufwühlenden Film heißt. Auf der Berlinale wurde Rathjen für seinen Einsatz mit dem Preis der Ökumenischen Jury belohnt.

Martina Wimmer

An dieser Stelle berichtet **mare** *regelmäßig über neue Bücher aus seinem Verlagsprogramm*

Blick ins Seelenleben des Kleinbürgers

Rudolf Mast hat Daniel Defoes „Robinson Crusoe“ anlässlich des 300. Jahrestags seiner Veröffentlichung ungekürzt neu übersetzt

mare: *„Ich wurde im Jahr 1632 in der Stadt York als Spross einer angesehenen Familie geboren, die allerdings nicht aus diesem Land kam, denn mein Vater war ein Ausländer aus Bremen, der sich zunächst in Hull niedergelassen hatte.“ Ihre Übersetzung des „Robinson Crusoe“ beginnt in einem Sprachgestus, der eher an das 18. als an das 21. Jahrhundert erinnert. Dabei liest sich das englische Original bis auf manche Schreibweisen beinahe modern. Was war der Grund für diese Übersetzerentscheidung?*

Rudolf Mast: Nun ja, zumindest die Grammatik der Übersetzung lehnt sich ja unmittelbar an das Original an, und nicht jedes Vokabular passt zu jeder Grammatik. Insofern folgt der Sprachgestus durchaus der Vorlage. Aber natürlich speist er sich letztlich aus dem Wortschatz, der mir zur Verfügung steht. Insofern würde ich ihn, wenn überhaupt, am ehesten im 20. Jahrhundert verorten.

Daniel Defoe begründete den modernen Journalismus, schrieb in drei Zeitschriften fast allein über Politik, Ökonomie, Religion und Kultur und schuf mit „Robinson Crusoe“ den ersten englischen Roman. Obwohl der dramaturgisch sorgfältig komponiert ist, gibt Defoe ihn als Tatsachenbericht und sich selbst als Herausgeber aus. Gab es schon damals für „authentische Texte“ größeres Interesse als für literarische Fiktion?

Offensichtlich. Und offensichtlich gab es damals auch schon Verwirrung darüber, was der Ausdruck eigentlich besagt. Denn dass es mit den „Tatsachen“ nicht weit her ist, zeigt sich ja schon nach wenigen Seiten. Ich glaube, dass Defoe bewusst mit den Lesern und deren Erwartungen spielt. Dass auf diese Weise der erste englische Roman entstehen würde, dürfte ihm kaum je in den Sinn gekommen sein. Ihm ging es, glaube ich, vor allem darum, auf die Schnelle etwas zu produzieren, was „am Markt“ Bestand haben konnte. Immerhin verdiente er mit dem Schreiben sein Geld. Und was die dramaturgische Sorgfalt angeht: Der „Robinson“ ist gespickt mit Widersprüchen und „Fehlern“. Aber das hat Defoe billigend in Kauf genommen, wenn es nicht gar Teil seiner Strategie war.

In Ihrer „Editorischen Notiz“ sprechen Sie von dem feinen Humor, mit dem Defoe seinen Romantext unterlegt hat. Schwingt da bei dem politisch und ökonomisch gebeutelten Satiriker auch Ironie über den Stolz Robinsons auf sein selbst geschaffenes kleines Inselempire mit?

Daniel Defoe: ***„Robinson Crusoe“,*** *aus dem Englischen von Rudolf Mast, Leineneinband im Schuber, 416 Seiten, 42 Euro*

Dieser Punkt scheint mir ein ganz entscheidender, bis heute unterbelichteter zu sein, denn der „Robinson“ ist neben allem anderen ja auch ein tiefer Blick in das Seelenleben des entstehenden Kleinbürgertums, von dem Defoe umgeben war. Und was da zum Vorschein kommt, ist weder sonderlich angenehm noch sonderlich abenteuerlich. So erklären sich auch die vielen Listen und Aufstellungen, die Robinson anlegt. Diesem Buchhalterdenken steht die schier unbändige Lust gegenüber, mit der Defoe Dinge eskalieren lässt: Kein Schrecken, der nicht noch überboten würde. Das gilt allerdings nur für die Ränder des Buches. Das Zentrum, die Zeit auf der Insel, ist weitgehend frei davon. Dort, wo vermeintlich das Abenteuer spielt, herrscht die Ordnung der Heimat.

Die Reihe der illustren Robinson-Verehrer reicht von Karl Marx bis Virginia Woolf, und den meisten scheint die koloniale Selbstherrlichkeit des Protagonisten keine Probleme bereitet zu haben. Erinnern Sie sich noch an Ihre erste Lektüre und den Eindruck von der Begegnung zwischen Robinson und Freitag?

Oh ja, daran erinnere mich sehr genau, vor allem an das Erstaunen darüber, dass Robinson planmäßig vorgeht, Freitag ihm also nicht zuläuft, sondern er ihn sich gewissermaßen „beschafft“. Das war mir vollständig neu. Man kann das auf zweierlei Weise verstehen: als brutale Zuspitzung der „kolonialen Selbstherrlichkeit“, wie Sie es nennen, oder als deren ironische Brechung. Die Entscheidung muss jeder mit sich selbst ausmachen, aber ich neige zu letzterer Lesart.

Das Gespräch führte Holger Teschke.

Maike Priesterjahn, Claudia Schuster (Hrsg.): ***„Schwimmender Barock. Das Schiff als Repräsentationsobjekt“,*** *be.bra, Berlin, 2018 160 Seiten, 24 Euro*

Ausstellung im Technikmuseum Berlin: ***„Architectura navalis. Schwimmender Barock“,*** *bis 13. Oktober 2019*

What the Heck!

Nicht nur Paläste, auch Schiffe dienten den Herrschern der Barockzeit als Prestigeobjekte. Besonders prachtvoll war das Schiffsheck

IM BAROCK GALT: NICHT KLECKERN, sondern klotzen. Kirchen zeigten in der Gegenreformation mit Pracht und Herrlichkeit, welches denn nun der wahre Glaube sei, Barockschlösser waren der gemauerte Herrschaftsanspruch im Absolutismus, und auch die Seefahrt wollte da nicht hintanstehen. Der französische Marineminister Colbert schrieb 1669, es scheine ihm angebracht, die Größe des Königs und seine Macht den entlegensten Ländern nicht nur durch die Anzahl seiner Schiffe, sondern ebenfalls durch die Pracht und Schönheit ihrer Ornamente zu vermitteln.

Diesem Thema, der „Architectura navalis“, widmet sich die Ausstellung „Schwimmender Barock“ im Berliner Technikmuseum, und dazu ist ein umfassendes Buch erschienen.

Es zeigt, wie sich Schiffe von Wasserfahrzeugen zu schwimmender Herrschaftsarchitektur entwickelten. Im Buch lernen Laien viel, etwa über flämische Karacken und portugiesisch-spanische Nao und was es sonst an Schiffsarten gab. Über die Weltmeere schipperten Schiffe wie „Le Brillant“, der Glänzende, „Le Terrible“, der Furchterregende, und sogar „Le Foudroyant“, der Blitzeschleuderer, alles dargestellt mit fein ausgeführten Zeichnungen. Man erkennt: Auf See dominierte vor allem das Heck. Der Heckaufbau war das Pfauenrad des barocken Schiffes, gebautes Imponiergehabe, prächtig geschmückt.

Die Texte lesen sich nicht immer leicht, aber der Band ist reich bebildert. So gehört sich das beim Thema Barock.

Barbara Schaefer

Das Heck der „Soleil Royal“: drei Decks, Erscheinungsbalkon und Giebel mit Hochzeichen

Daniel de Roulet: ***„Zehn unbekümmerte Anarchistinnen“,*** *aus dem Französischen von Marie Hoffmann-Dartevelle, Limmat, Zürich, 2018, 186 Seiten, 24 Euro*

Vive l'anarchie!

Ein Roman über zehn freiheitsliebende Schiffspassagierinnen

ES WAREN EINMAL ZEHN UHRMAcherinnen, die brachen 1873 aus dem Schweizer Jura in Richtung Argentinien auf. Auf dem Weg nach Brest schrieben sie ein Gedicht: „Auf, Freundinnen, wir fahren / über den Ozean / ins ferne Amerika / Auf, Freundinnen, wir fahren / fort aus den armen Kantonen / in ein Leben ohne Qual / Fort aus unserem Tal / Auf zu den Patagonen / in ein Leben ohne Qual / Fort aus unserem Tal.“ Doch nicht etwa die Bremer Stadtmusikanten („Etwas Bess’res als den Tod finden wir allemal“) waren ihre Referenz, sondern die Ideen des Anarchismus.

Während nämlich Kommunisten und Sozialdemokraten Frauen eine dienende Rolle zuwiesen, hatte sich der Anarchismus die Befreiung des ganzen Menschengeschlechts auf die schwarzen Fahnen geschrieben. Zusätzlich motiviert wurden die Anarchistinnen durch einen unglaublichen Zufall: Just ihr Schiff „La Virginie“ hatte als Häftlinge Pariser Kommunarden an Bord, die nach Neukaledonien deportiert werden sollten. Unter ihnen: die berühmte Louise Michel, eine der Symbolfiguren der Commune.

Knapp anderthalb Jahrhunderte nach dieser Kollektivauswanderung schreibt der Genfer Schriftsteller Daniel de Roulet die Geschichte jener zehn Frauen, von denen am Ende nur eine übrig bleibt. Gestützt auf diverse Dokumente, werden hier Charaktere und Lebensläufe sichtbar, die bei allen Differenzen doch eines gemeinsam haben – die Zurückweisung jener prätentiösen Ernsthaftigkeit, die seit je nur ein anderes Wort ist für Unterordnung.

Marko Martin

Hanns-Josef Ortheil:
„Die Mittelmeerreise“,
Sprecher: Hanns-Josef Ortheil,
Der Hörverlag, München, 2018,
5 CDs, 5:12 Stunden

„Die Mittelmeerreise“,
Luchterhand, München,
2018, 640 Seiten, 24 Euro

Erste Biere, erste Küsse

Hanns-Josef Ortheil reiste als Junge mit seinem Vater im Schiff von Antwerpen nach Istanbul. Ein Buch und Hörbuch entstanden daraus

DER GROSSE VORTEIL DES HÖRbuchs gegenüber gebundenen Ausgaben ist die Möglichkeit, neben dem Hören Geschirr spülen oder Auto fahren zu können. Im Fall der „Mittelmeerreise“ kann man zudem den Autor Hanns-Josef Ortheil nicht nur sprechen, sondern auch noch Klavier spielen hören. Im fünften Kapitel der „Mittelmeerreise“ betritt der Erzähler ein menschenleeres Café, um an einem alten Flügel Bachs Präludium zum „Wohltemperierten Klavier“ zu spielen. Denn in jungen Jahren wollte Ortheil nicht Autor, sondern Pianist werden.

Hanns-Josef Ortheils „Mittelmeerreise“ ist also eine Reise in die Vergangenheit. Der Autor greift auf Notizen zurück, die er als 15-Jähriger während einer Schiffsreise im Juli 1967 angefertigt hat. Amüsanterweise werden die Eintragungen des Jungen durch die Notizen des Vaters ergänzt, der ebenfalls an Bord ist: „Bedenklicher Zustand des Jungen, Fieber, enormes Schwitzen, sagt kaum ein Wort!“ Auch die Postkarten des Jungen an die Mutter werden zur Literatur: „Mit Sturm ist nicht zu rechnen. Wir fahren ruhig dahin, und alle an Bord sind guter Laune. Kapitän Reckling hat gestern zum Mittagessen weiße Bohnen mit Speck auffahren lassen, alles schmeckte sehr gut, und der 1. Offizier hat nach dem Essen ein Seemannslied angestimmt.“

Reise zurück in die Jugend: Hanns-Josef Ortheil

Hanns-Josef, der auf Wunsch des Vaters beim Erstellen der Bordzeitung mithilft, verfasst Nachrichten: „Melina Mercouri sitzt in einem New Yorker Hotel und raucht Zigaretten aus Griechenland. Gerade hat sie die Nachricht erhalten, dass die Militärregierung ihres Heimatlandes sie ausgebürgert hat. [...] Für die Journalisten bestellt sie Whisky mit Eis. Den Whisky, sagt Melina Mercouri, werden sie in Griechenland auch bald verbieten. Und anordnen, dass sie in Griechenland nur noch Ouzo trinken.“

Unverkennbar sind das die 1960er, und als Ortheil, der noch nie von den Beatles gehört hat, in Patras an Land geht und sich in einen zwielichtigen Tanzclub verirrt – in „ein Dickicht von Hunderten junger Menschen“, die wild tanzen und küssen, „als wären die Lippen Saugnäpfe“ –, kreischt es aus den Lautsprechern „All you need is love“, während eine Griechin namens Delia dem jungen Mann den ersten Kuss seines Lebens auf die Lippen drückt.

Nur drei Wochen dauert die Reise von Antwerpen nach Istanbul, aber am Ende steht da kein kleiner Junge mehr, sondern ein junger Mann. Am 21. Juli, vermerkt Ortheil im Logbuch seiner Mannwerdung, möchte er das erste Glas Bier seines Lebens trinken, und am „22. Juli, Athen, 38 Grad“, hat er „Lust auf ein Glas Wein“. Die „Mittelmeerreise“ ist nicht nur eine Reise übers Meer, sondern auch eine durch die 1960er-Jahre, und eine ganz persönliche Reise zurück in die Jugend des Autors.

Hans W. Korfmann

Im Netz

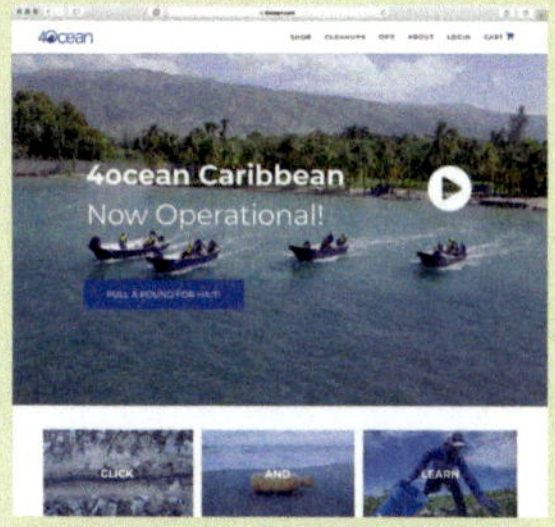

https://4ocean.com

Die Verschmutzung der Meere ist seit Jahren weltweit bekannt. Wie massiv allerdings ihr Ausmaß ist, wird erst in jüngerer Zeit in beinahe jedem Medium thematisiert. Plastikmüll in den Meeren und an Land ist eines der Hauptthemen. Zwei Surfer sind die Begründer von 4ocean. Ihrer Idee, aus gesammeltem Plastikmüll Armbänder herzustellen, zu verkaufen und das Geld in Meeresschutzprojekte zu investieren, ist es zu verdanken, dass bereits mehr als 1500 Tonnen Müll aus dem Meer und von den Stränden gesammelt werden konnten. Und der Zähler auf der Website bewegt sich ununterbrochen weiter.

Wiebke Böse

Im Deckchair

Ein persönlicher Tipp von Joelina Feige, Schülerpraktikantin im mareverlag

Walter Moers:
„Die 13 1/2 Leben des Käpt'n Blaubär“,
Eichborn, 2006, 16 CDs,
18:30 Stunden

Ein Blaubär hat 27 Leben, heißt es – und 13 1/2 davon werden in diesen Geschichten mit uns geteilt. Mit der Musik von Michal Krajczok und Oskar Sala und der packenden Lesung von Dirk Bach entführt uns dieses Hörbuch ins verrückte Zamonien, ein Land, das bevölkert ist von Zwergpiraten, Lügengladiatoren und Tratschwellen. Immer an unserer Seite ist Blaubär. Mit ihm kämpfen wir uns durch die Finsterberge, flüchten vor Klabautergeistern und erfahren, wie trügerisch Schönheit doch sein kann. Mit ihren zahllosen Anspielungen auf bekannte Romane und Gedichte bekommt die Erzählung zu ihrem Humor und Charme eine große Portion Intellekt. Der Autor und Comiczeichner Walter Moers kreierte mit diesem ersten von elf in Zamonien spielenden Romanen ein ganzes Universum aus Irrealität und Fiktion, in dem alles möglich ist, nur keine Langeweile. Dieses Hörbuch beginnt und endet im beziehungsweise am Meer, dazwischen findet sich reichlich Abenteuer, Witz und Fantasie.

mareRadio

Jeden ersten Sonntag im Monat auf Bremen Zwei

REISEN – DIE FREUDEN UND DIE FOLGEN

Sonntag, 7. April, 12.05 bis 14 Uhr

„Der Tourist zerstört, was er sucht, indem er es findet", schrieb Hans M. Enzensberger Ende der 1950er, ob Sylt oder Seychellen, Malente oder Mallorca. Urlaub am Meer steht ganz oben auf der Liste unserer Reisewünsche. Aber Reiselust hat ihren Preis: Massentourismus bringt vielerorts auch Müllprobleme und Landschaftszerstörung mit sich. mareRadio schaut hinter die Kulissen von Badeorten, Seebädern und Kreuzfahrtschiffen.

GIFTIG

Sonntag, 5. Mai, 12.05 bis 14 Uhr

Schauergeschichten über riesige Seeschlangen und andere giftige Ungeheuer, die in den Tiefen des Meeres lauern, sind so alt wie die Seefahrt. Heute wissen wir, dass es im Meer tatsächlich von giftigen Tieren wimmelt – auch wenn sie weit kleiner daherkommen als in der Antike befürchtet. Der giftigste Fisch der Welt wird gar nur acht bis 60 Zentimeter groß: Auf dem Rücken des Steinfischs reihen sich 13 Stacheln aneinander, mit denen er seinen Opfern ein hochwirksames Nervengift injizieren kann. Für die Räuber des Meeres kann Gift eine effiziente Waffe sein – sobald der Mensch aber seine Finger im Spiel hat, richten giftige Stoffe auch großen Schaden an. Rund um die Welt leiten Fabriken giftige Abwässer ins Meer und auch der Plastikmüll, der unsere Meere verschmutzt, ist letztlich eine Form von Gift. mareRadio berichtet von Nutzen und Schaden.

Termine

ALKERSUM / FÖHR

200 x Badesaison – Seebad Wyk auf Föhr 1819–2019

Ausstellung zum 200-jährigen Bestehen des ältesten Seebads Dänemarks und des ältesten an der schleswig-holsteinischen Westküste. Bis 15.7., Di–So 10–17 Uhr, Museum Kunst der Westküste. www.mkdw.de

AMSTERDAM (NLD)

World Press Photo

Ausstellung der besten Pressebilder des letzten Jahres. Im Anschluss wandert die Schau um die ganze Welt. Sie wird regelmäßig von Millionen Menschen besucht. 13.4.–7.7., täglich 10–18 Uhr, Nieuwe Kerk. www.nieuwekerk.nl

BREMEN

Hongkong Connection

Fotografien aus dem Alltag des Bremer Kaufmanns Johann Lauts in Hongkong sowie Objekte aus der Chinasammlung zeigen den bremischen Handel in chinesischen Hafenstädten im 19. und frühen 20. Jahrhundert. Bis 21.4., Di–Fr 9–18, Sa, So 10–18 Uhr, Übersee-Museum. www.ueber see-museum.de

Tierischer Aufstand

200 Jahre Stadtmusikanten in Kunst, Kitsch und Gesellschaft. Die Ausstellung ergründet die Wege der vier Protagonisten von den historischen Vorlagen ins Märchen, vom Buch- in den Bildraum, von der Stadt ins Museum und von Bremen in die Welt. Bis 1.9., Mi–So 10–17, Di 10–21 Uhr, Kunsthalle. www. kunsthalle-bremen.de

CUXHAVEN

In Seenot

Ausstellung zum Thema Seenot. Täglich 10–18 Uhr, Windstärke 10 – Wrack und Fischereimuseum. www.windstaerke10.net

FLENSBURG

FolkBaltica

Festival für nordische und baltische Musikkulturen der Ostseeanrainer. Zum ersten Mal ist mit Erik Rydvall ein schwedischer Musiker, der das schwedische Nationalinstrument Nyckelharpa spielt, „Hauskünstler" des Festivals. 18.–26.5.; alle Locations, Tickets, Line-ups: www.folk baltica.de

HAMBURG

Die „Peking". Een Hamborger Veermaster kommt nach Hamburg

Mit der „Peking" erhält Hamburg 2020 ein neues Wahrzeichen und gleichzeitig das erste sichtbare Objekt für das in Planung befindliche Deutsche Hafenmuseum. Die Ausstellung gibt einen ersten Einblick in die Geschichte des legendären Flying-P-Schiffs der Reederei Laeisz, in die laufenden Restaurierungen und in die Planungen für die zukünftige Nutzung des Viermasters. Bis 26.5., Mo 10–17, Mi–Fr 10–17, Sa, So 10–18 Uhr, Museum für Hamburgische Geschichte. www.shmh.de

HIDDENSEE

Robinson Crusoe

Seestück nach Daniel Defoe. Premiere: 11.5., 20 Uhr. Seebühne Hiddensee. Alle Termine: www.hiddenseebuehne.de

KIEL

Die Stunde der Matrosen – Kiel und die deutsche Revolution 1918

Sonderausstellung zum 100. Jahrestag des Kieler Matrosenaufstands. Mehr als 400 Exponate, darunter historische Fotos, Plakate, Flugblätter, Gemälde und Dokumente, machen den Aufstand und seine komplexe Vorgeschichte lebendig. Bis 6.10., Di–So 10–18, Di –20 Uhr, Schifffahrtsmuseum Fischhalle. www. kiel.de/de/kultur_freizeit

Into the ocean

Ausstellung mit Malerei von Anja Witt. In ihren abstrakten Werken beschäftigt sich die ehemalige

Veranstaltungshinweise an:
mare-Termine
Wiebke Böse
Sandthorquaihof, Pickhuben 2
20457 Hamburg
Fax: 040/369 859 99
E-Mail: termine@mare.de
Redaktionsschluss für die nächste Ausgabe: 13. 5. 2019

Ozeanografin vor allem mit den Prozessen im Meer. 11.4.–8.5., Mi 10–20 Uhr und nach Vereinbarung, Bunker D, Schwentinestraße 11. www.bunker-d.de

KOPENHAGEN (DNK)
Hundested Sandskulpturen-Festival
Riesige Sandskulpturen, gebaut von den besten internationalen Sandkünstlern. 10.5.–20.10., Hundested Hafen. www.sandfestival.dk

MONT-SAINT-MICHEL (FRA)
Marathon de la Baie
5000 Läufer zwischen Bretagne und Normandie, mit Start in Cancale und Ziel am Mont-Saint-Michel. Den grandiosen Rahmen bilden Bucht und Abtei des Mont-Saint-Michel. 25./26.5., www.runinmontsaintmichel.com

NEW ORLEANS (LA, USA)
New Orleans Jazz and Heritage Festival
Neben dem Mardi Gras ist das „Nojazz" die größte Attraktion der Stadt mit zig Konzerten der Musikweltklasse auf 12 Bühnen im Zentrum und dem Hauptplatz, einer Pferderennbahn. Ein Spektakel, absolutes Muss für Musikfans! 25.4.–5.5., Fair Grounds Race Course. Termine, Tickets, Line-ups: www.nojazzfest.com

STADE
Es war einmal
St. Pauli und Altona in Fotografien der 1940er-, 1950er- und 1960er-Jahre von Herbert Dombrowski, Anders Petersen und Germin. Bis 5.5., Di, Do, Fr 10–17, Mi 10–19, Sa, So 10–18 Uhr, Kunsthaus. www.museen-stade.de

UETERSEN
Wie gemalt
Farbholzschnitte von Meer, Küste, Schiffen und Flüssen von Oscar Droege (1898–1983). Bis 2.6., Mi, Sa, So 14–18 Uhr, Museum Langes Tannen. www.langes-tannen.de

ZINGST
Horizonte Zingst
Das traditionsreiche Umweltfotofestival vermittelt wichtige Inhalte, regt zum Umdenken an und hilft ein Stück weit, die Umwelt positiv zu verändern. Wichtig: Die Freude am Fotografieren kommt nicht zu kurz. 25.5.–2.6., www.horizonte-zingst.de

MÜNCHEN
Franz Radzwill – zwei Seiten eines Künstlers
Franz Radziwill (1895–1983) ist ein Hauptvertreter des Magischen Realismus in Deutschland. Land am Meer, Flora und Fauna der Küste am Jadebusen (im Bild „Muschelkalkmühle in Varelerhafen", 1937) waren seine Inspirationsquellen. Während der Nazi-Herrschaft verlor er seine Professur an der Düsseldorfer Kunstakademie, 1937/38 wurden seine Werke auf den Femeausstellungen „Entartete Kunst" gezeigt, während er zugleich erfolgreich verkaufte. Die Schau zeigt Kontinuitäten und Brüche in Radziwills Werk, seine Suche nach dem Weg zwischen Annäherung, Anerkennung, Rückzug und Kritik in der Kunstpolitik des Nationalsozialismus.
Bis 31. Dezember, täglich außer Mo 10–18, Do 10–20 Uhr, Pinakothek der Moderne. www.pinakothek.de

mareTV

Jeden ersten und dritten Donnerstag im Monat im NDR Fernsehen

AM GREIFSWALDER BODDEN
4. April, 20.15 Uhr, NDR Fernsehen

NORDSEEINSEL TERSCHELLING
18. April, 20.15 Uhr, NDR Fernsehen

VENEDIG UND SEINE LAGUNE
2. Mai, 20.15 Uhr, NDR Fernsehen
Eines fernen Tages wird sich das Meer diese Stadt holen, das scheint sicher. Bis dahin bleibt die urbane Schönheit das Traumziel von Millionen. Kein Wunder, denn nirgends sonst gibt es so viele Paläste, Villen und Kirchen in einer Wasserlandschaft zu bestaunen – ob per Gondel, Vaporetto oder Taxiboot. **mare**TV ist dabei, wenn die Polizistin Lorenza Knöllchen an Lagunenraser verteilt, die Brüder Claudio und Carlo das Gemüse mit ihrem Kahn frei Haus liefern, die 25-jährige Giulia sich für den Regattahöhepunkt in die Riemen legt und Domenico und Massimo eine venezianische Spezialität fangen: den „Moleche". Der Panzer des Lagunenkrebses ist nur für 48 Stunden so weich, dass man ihn im Ganzen verspeisen kann.

IBIZA – WEISSE INSEL DER BALEAREN
16. Mai, 20.15 Uhr, NDR Fernsehen

DREHT

Text:
Marc
Bielefeld

Fotos:
Paul
Langrock

Ein Gewitter zieht über dem DanTysk-Windpark auf

EUCH!

Aus Wind Energie zu gewinnen ist ein sauberes und zukunftsweisendes Geschäft. Doch wer sind die Menschen, die weit draußen in der Nordsee den gefährlichen Offshore-Job erledigen?

An Bord des Crew-Transport Vessel bereitet die Besatzung das Anlegen an die Wohnplattform vor

DEM WIND ENERGIE ABZULUCHSEN mag ein sauberes und zukunftsweisendes Geschäft sein, an diesem Wintermorgen beginnt es kalt, dunkel und ungemütlich. Es ist kurz nach vier in der Nacht, dünner Eisregen geht über dem dänischen Esbjerg nieder, die Pieranlagen sind gefroren. Im Hafenbecken liegen Versorgerschiffe und Errichterplattformen, hell erleuchtete Stahlriesen, von denen ein hohles, fernes Klonken hallt. Es ist der Sound der Windindustrie, Metall auf Metall.

Unten an der Südmole gehen sechs Offshoretechniker an Bord eines *Crew-Transport Vessel* (CTV), einem doppelrümpfigen Arbeitspferd, das Mannschaften und Material zwischen Festland und den Windparks im Meer hin- und herfährt. Die Techniker treten ihre zweiwöchige Schicht an den Turbinen an, sechs müde Gesichter, die schweigend der Überfahrt zu ihrem Arbeitsplatz entgegenblicken.

An Deck lösen zwei Matrosen die Trossen, oben im Cockpit prüft Kapitän Russ die letzten Wetterberichte. Er trägt Jogginghose, Sweatshirt, Adiletten, blickt von seinem gefederten Kapitänssessel auf die gläsernen Instrumente. Ungerührt nippt er an seinem Kaffee. „Die Überfahrt wird ein bisschen holprig", sagt er. „Wir haben zwei Meter Restwelle, frontal gegenan."

Vier Stunden muss die „MO1" gegen die See marschieren, bis sie den Offshorepark DanTysk erreicht. Die Windenergieanlage DT 22, die Vattenfall und den Stadtwerken München gehört, liegt 110 Kilometer westlich der dänischen Küste, weit draußen in der Nordsee, wo der Wind öfter und stärker weht als an Land. Meterhoch klettert die „MO1" durch die See. Für viele Windtechniker bleibt der Weg zur Arbeit ein ungewohnter Ritt. Sie sind Elektriker, Ingenieure, Metallbauer – Landberufe. Seit jedoch immer mehr Windparks im Meer entstehen, ist die Seefahrt Teil des Geschäfts. Die einzige Alternative ist der teure Helikopter. Aber er fliegt nur zur Plattform, wenn das Übersetzen per Boot zu gefährlich wird.

Bald sind die Gesichter an Bord kreideweiß. Für Seekranke hält Russ einen Ratschlag parat. „Musst Apfelkuchen essen, schmeckt runter wie rauf gleich gut." Wen es ganz schlimm erwischt, dem sagt er: „Such dir einen Job an Land."

Nach gut drei Stunden taucht die OAP, die von Vattenfall betriebene *Offshore Accommodation Platform*, im grafitgrauen Meer auf. Eine stählerne Spinne auf gelben Beinen, deren Flutlichter einen gleißend hellen Lichtkranz aufs Wasser werfen. Mehr als 40 Meter hoch ragt das Trumm aus den Wogen, verankert auf gewaltigen Stelzen, die in 25 Meter Tiefe in den Meeresgrund gerammt sind. Eine 3800 Tonnen schwere und 100 Millionen Euro teure Unterkunft für die Arbeiter des Windes, deren Job darin besteht, die „Mühlen" da draußen auf See in Bewegung zu halten. Die 152 Windturbinen – 80 im Windpark DanTysk, 72 im benachbarten Windpark Sandbank – entwachsen dem Meer wie fragile Pflanzen; jede einzelne kann bei guten Bedingungen Strom im Wert von 25 000 Euro am Tag erzeugen und 5000 Haushalte versorgen.

Die Techniker sind in ihre schweren Überlebensanzüge gestiegen, an ihren

Am frühen Morgen verlassen Techniker ihre Unterkunft auf See, um Arbeiten an den Turbinen draußen in den Windparks vorzunehmen

Hüften hängen Karabiner, Gurte, Sicherungsleinen, alle Mann tragen Rettungsweste und Helm. Kapitän Russ dockt die „MO1" an, drückt den Bug des Schiffes unter Schub ans Metall. Das Boot hebt sich, senkt sich, Gummi quietscht. Ein eisiger Wind pfeift durch die Streben und Verankerungen, als die Offshoretechniker, einer nach dem anderen, einen großen Schritt machen und die schmale Leiter hinaufklettern, bis sie in 20 Meter Höhe die eigentlichen Decks erreichen.

Unten legt die „MO1" wieder ab, oben steigen die Männer durch eine letzte Luke. Dann sind sie drin. Zwei Wochen Dienst liegen vor ihnen, auf dieser Raumstation über dem Meer. Neonlicht nimmt sie in Empfang, das Rauschen der Klimaanlage.

Dominik Binz gibt den neuen „On-Signern" die Nummern ihrer Kammern. Er ist Notfallsanitäter auf der Plattform, kümmert sich aber auch um die Sicherheitseinweisungen, macht Hygieneinspektionen und bereitet die Helikoptertransfers vor. Binz trägt gelbe Sicherheitshosen, Arbeitsschuhe, Helm. „Kommt erst mal an", sagt er. „Den Rest kennt ihr ja, alles wie immer. Heute ist übrigens Steaktag."

Sein Tetra piept, das Funkgerät. Binz soll auf Deck 1 kommen, eine neue Ladung Equipment checken. Die Männer verteilen sich, bringen die Ausrüstung in die Umkleide auf Deck 2, ihre Sachen auf die Kammern in den oberen Decks. Keine Gischt, kein Schwanken mehr. Nach der Überfahrt fühlt es sich an, als hätten sie eine hermetisch geschlossene Käseglocke betreten. Die Gänge riechen nach Reinigungsmittel, Aluminium blitzt, überall verlaufen Kabel und Rohre. Binz verschwindet durch eine Stahltür. „Wir sehen uns zum Mittag in der Kantine!", ruft er noch. „Und morgen haben wir einen Evakuierungsdrill."

Das Boot hebt sich, senkt sich, Gummi quietscht. Ein eisiger Wind pfeift durch die Streben, als die Männer auf die Plattform übersetzen

24 Frauen und Männer weilen in dieser Woche auf der Station, um die Turbinen in den Windparks in Schuss zu halten. Im Sommer, wenn die regelmäßigen Inspektionen anfallen, wohnen bis zu 60 Techniker auf der Plattform. Sie kommen und gehen im Zwei-Wochen-Rhythmus. „Two on, two off", so ist das Leben der Windarbeiter getaktet. Frühstück ab halb sechs, Mittagessen um zwölf, Abendessen um sieben. Jeden Morgen um halb sieben ist *Toolbox-Meeting* im Konferenzraum. Dort werden die Wetteraussichten besprochen, die Außeneinsätze an den Windrädern verteilt, besondere Aufgaben geplant.

Die Crews kennen sich gut, von den wochenlangen Einsätzen, aber auch vom gemeinsamen Zeittotschlagen auf der Plattform. Bei Sturm kann niemand auf die Turbinen, und oft dauert es, bis Ersatzteile eintreffen. Dann geht das Warten an die Nerven, und irgendwann sinkt die Stimmung. Der Wind auf der Nordsee schläft nicht, das Geschäft mit ihm darf es auch nicht. Fallen nur einige Turbinen aus, kann das schnell mehrere hunderttausend Euro am Tag kosten.

Der nächste Tag. Punkt zwölf, 14 Mann erscheinen in der Kantine zum Mit-

Notfallsanitäter Dominik Binz (o.l.), Manager Darragh Buch (o.r.), Wohnplattform und Umspannwerk (u.l.), Techniker in Montur (u.r.)

tagessen. Es gibt Salate, Suppen, kaltes Hühnchen, Pasta, Currywurst, Pommes frites, Gemüse, Brot, Käse, Obst, so ziemlich alles, was der Mannschaft schmeckt, mitten auf See, mitten im Winter. Das ist die Idee der Plattform. Ein wenig Luxus, ein Gewinn an Lebensqualität, wenn die Servicetechniker zwischen Zwölf-Stunden-Schichten von den Windturbinen zurückkehren. Es gibt Internet hier, die Offshoreleute wohnen in Einzelzimmern mit Bad, TV, Telefon. Sie können den Fitnessraum nutzen oder Tischfußball spielen, auch wenn draußen ein Orkan tobt. Zwei Wochen kann sich die Station autark versorgen. Wasser, Strom, Essen, für alles gibt es Reserven und redundante Systeme.

Darragh Buch betritt die Kantine, der Plattformmanager, kahlgeschorener Schädel, blaues T-Shirt, Jeans, Crocs. Er nimmt zwei Würste, eine Ladung Kartoffelbrei und setzt sich zu einer Runde Servicetechniker. Ein, zwei Witze fliegen über den Tisch, ein paar Worte zu einem anstehenden Crewtransfer. Zwei Neuen hatte er vorhin gesagt: „Nicht in Arbeitsklamotten zum Essen erscheinen, wir wollen hier bitte eine gewisse Tischkultur wahren."

Buch, 40, fuhr 15 Jahre lang als Leitender Ingenieur auf Containerschiffen zur See. Nun kommt er alle vier Wochen als Verantwortlicher auf die Plattform. Er ist für Logistik und Sicherheit zuständig, den reibungslosen Betrieb, muss Entscheidungen treffen, Papierkram erledigen. „Das ist kein Schiff hier", sagt Buch. „Schon rein rechtlich gelten wir als ein Stück deutsches Festland."

Vom Servicetechniker bis zum Offshoreprojektmanager – viele eint das gute Gefühl, an einer Zukunft mit sauberer Energie mitzuarbeiten

Auch sonst sei vieles anders als in der Seefahrt. Damals war er oft sechs Monate am Stück fort, ständig neue Häfen, ständiges Geschaukel. Sicher, seinen Diesel vermisse er als Nautiker schon, aber in der Offshorebranche wehe ein frischer Wind. Die Goldgräberzeit sei zwar vorbei, doch herrsche noch immer Aufbruchstimmung, eine Art Pioniergeist. „Hier existieren nicht so krasse Hierarchien, keine festen Traditionen wie in der Seefahrt", erzählt Buch. „Das Wort des Kapitäns ist nicht gleich Gottes Gesetz."

In der Windindustrie arbeiten viele Quereinsteiger. Industriekletterer, Elektroniker, Mechaniker. Freigeister sind darunter, Leute, die in ihrer Freizeit kitesurfen und klettern. Es ist das, was das Leben auf der Plattform ausmacht. Verschiedene Charaktere aus verschiedenen Berufen, Angestellte diverser Firmen treffen – im Auftrag von Vattenfall – unter einem Dach zusammen. Da sitzt der wortkarge Seefahrer neben einem jungen Elektroniker, der studierte Projektmanager neben einem Experten für Schaltschränke, eine Servicekraft aus dem Baltikum neben deutschen oder holländischen Mechatronikern.

Die Vielfalt sorgt alle zwei Wochen für neue Konstellationen, die meisten mögen das. Andere Menschen, neue Gespräche. Das tägliche Einerlei eines gewöhnlichen Betriebsalltags ist hier draußen Seemeilen weit weg. Hinzu kommen die ständigen Kapriolen des Wetters, die permanente

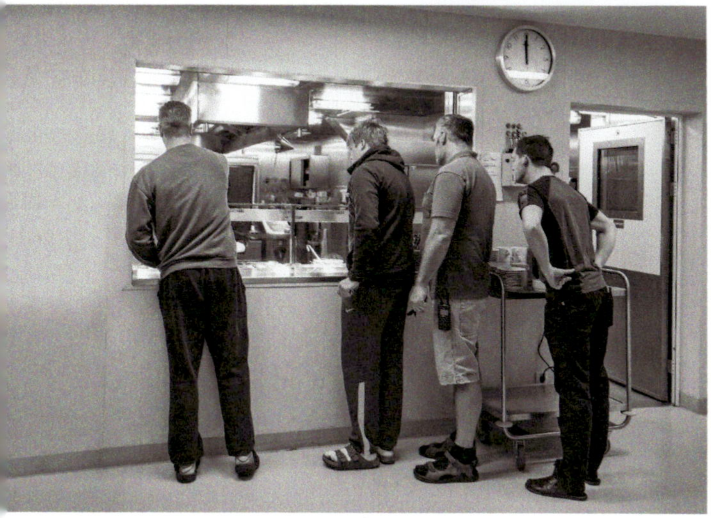

Crewwechsel bei Sturm (o.l.), Entladen eines Helikopters (o.r.), Essenausgabe in der Kantine (u.l.), Service Lead Odila Gaertner (u.r.)

Gegenwart der See. Offshore bedeutet niemals Routine. Es ist vielmehr der ständige Versuch, Routine in eine dauerhafte Ausnahmesituation zu bringen.

Viele reizt diese Abwechslung. Ein Schuss Seefahrt, ein Schuss Fliegerei. Das Technische, das Menschliche. Neben dem gewissen Abenteuer lockt alle das Geld. Die Jobs in der Windindustrie sind gut bezahlt, in der Regel besser als in der Öl- oder Gasbranche. Ein Windtechniker bemerkt dazu: „Sagen wir mal so: Mein Kühlschrank ist immer gut gefüllt.“ Sie arbeiten in einem wachsenden Segment, das als fortschrittlich gilt, technisch, ökologisch, ökonomisch. Viele eint das gute Gefühl, an einer Zukunft mit sauberer Energie mitzuarbeiten.

Die Damen aus der Küche kommen hinzu; sie setzen sich an den Nebentisch. Nelia Narkeviciute, Marina Liovina, Vitalija Skrobot, Nijole Osipova, Lina Bauziene, alle aus Litauen. Sie arbeiten als Köchinnen und Stewardessen auf der Plattform, machen sauber, reinigen die Zimmer, waschen.

„Eine Runde Tischtennis heute Abend?“, fragt Buch hinüber. Vitalija Skrobot, über ihre Nudeln gebeugt: „Gern, aber Litauen gewinnt sowieso wieder.“

Unten auf dem Arbeitsdeck, dem *Tanks Level*, stehen drei Techniker in ihren Überlebensanzügen samt Kletterausrüstung parat, um sich per Schiff zu einer Turbine bringen zu lassen. Eine Hydraulikpumpe muss dringend repariert werden. Durch die offene Tür, die zu den Abstiegsleitern führt, pfeift der Wind. In der Ferne donnert es, am Himmel zucken Blitze. Kurz leuchten in der Weite die Reihen der Windräder auf. Eine Phalanx feiner Skulpturen mit schneeweißen Rotorblättern. Wie eine Installation moderner Kunst steckt der Windpark in der See.

Der Einsatz wird abgebrochen, das Gewitter zieht mitten über das Feld. „Offshore eben“, sagt einer der Techniker. „Rein in die Klamotten, raus aus den Klamotten. Du weißt nie, was kommt.“

Abends. Längst ist es wieder dunkel über dem Meer, nur die Seebefeuerung der Windräder blinkt in der Nacht. Tief unten, im Scheinwerferlicht der Plattform, sprudeln Schaumkronen. Die Litauerinnen besiegen Darragh Buch im Tischtennis. Im Salon mit dem Großbildschirm sitzen drei dänische Techniker auf den Sofas, scrollen sich durch Netflix. Ein deutscher kommt mit einer Tüte Chips hinzu. „Bitte nichts auf Englisch. Ich will mich heute Abend am liebsten nur noch berieseln lassen.“

Der Ton ist freundschaftlich, die Zeit der Haudegen auf dem Meer vorbei. Kein Streit, kein hierarchisches Drängeln. Jeder befolgt strikt die Regeln, die geschriebenen und die ungeschriebenen. Beziehungen auf der Plattform sind nicht verboten, aber unerwünscht. Beim Alkohol lautet die Quote: null. Wenn auf See jemand Geburtstag hat, stoßen sie mit Cola an. Für ein Fest haben sie mal eine Gitarrenattrappe aus Styropor und Silberfolie gebastelt, das höchste der Gefühle. Um halb elf waren alle in ihren Kammern.

Die Verantwortung ist groß, alle wissen das. Draußen im Windpark rotieren Gerätschaften, in die mehr als zwei Mil-

Blick vom oberen Deck der Wohnplattform auf das Umspannwerk des Windparks mit dem Hubschrauberlandeplatz

liarden Euro investiert wurden und die jedes Jahr Einnahmen von 250 Millionen bringen. Wenn alles läuft. Da tanzt keiner aus der Reihe.

Am nächsten Morgen steigen die meisten kurz nach fünf aus den Betten, um halb sieben ist *Toolbox-Meeting*. In einige Rotorblätter sind gestern Blitze eingeschlagen, sie müssen inspiziert werden. Das Wetter soll sich halten, gegen Nachmittag aber kommt Wind, in den nächsten Tagen Sturm. Wind bis neun Beaufort, Wellen sieben Meter. Darragh Buch und Odila Gaertner stehen vor dem Bildschirm mit den aktuellen Wetterdaten. „Wir sollten schnell mit dem Troubleshooting beginnen. Die CTVs werden ab morgen alle an Land bleiben."

Service Lead Odila Gaertner, 37, tätowiert, kurze, rotblonde Haare, ist so etwas wie die Vorzeige-Offshorearbeiterin, eine, die mit ganzem Herzen dabei ist. In ihrer Freizeit surft sie und schläft in ihrem Bus. Schon beim Abitur war sie technikinteressiert, machte eine Lehre als Kfz-Mechanikerin, lernte bei einem Schrauber für Bootsmotoren und begann eine Ausbildung zur Stuntfrau. Dann sah sie eines Tages die ersten Windräder aus der Nähe, und sie verliebte sich irgendwie in diese eleganten Geräte.

„Da steckt alles drin", sagt sie, „Motoren, Technik, Wind, Natur, Meer. Ich wusste sofort: Ich will in die Windindustrie, ich will offshore arbeiten." Gaertner machte ihren Meister in Mechatronik, begann bei einer kleinen Windfirma, belegte Kurse im Industrieklettern, absolvierte alle drei Level. Heute ist sie als *Service Lead* für zwei Windparks verantwortlich, seilt sich in 100 Meter Höhe über dem Meer 60 Meter tief an den Rotorblättern hinab, führt Inspektionen durch, nimmt als technischer Supporter Bauteile ab und ist mit dabei, wenn beim Tausch von Großkomponenten 36 Tonnen schwere Getriebe ganz oben in den Gondeln der Turbinen gewechselt werden. „Wenn so ein technisch schwieriges Manöver gelingt und du dann da oben mit den anderen stehst und über das Meer blickst: Das kann ich zu Hause keinem erklären. Mich euphorisiert das."

Als das Meeting vorbei ist, macht sich eine Crew von Technikern fertig. Ihr Auftrag: die Überprüfung einiger Rotorblätter, die beim gestrigen Gewitter möglicherweise Schaden genommen haben. Die Sonne scheint, glattes Meer. Luft sieben Grad, es wirkt fast sommerlich.

Die Männer betreten das Boot, dann geht es los, Ziel ist die Turbine SB03 im Windpark Sandbank. Immer mächtiger ragt der Turm beim Näherkommen in den Himmel. Es ist ein Windrad vom Typ SWT-4.0 130, ein aerodynamisch perfektioniertes Gebilde, dessen konisch zulaufender Tower auf einem Monopile-Fundament in 30 Meter Wassertiefe ruht und dessen Rotorblätter sich 158 Meter hoch über die Meeresoberfläche spreizen. Nabenhöhe 95, Durchmesser 130 Meter. Bemalung: lichtgraues Semi-Gloss 25-40 ISO 2813. Höher als der Kölner Dom und mit der doppelten Spannweite eines Jumbojets steigt die Windturbine aus dem Meer. Keine filigrane Skulptur mehr, son-

Techniker Dirk Brasch im Einsatz in luftiger Höhe – auf dem Dach des Maschinenhauses von Windturbine SB03 im Windpark Sandbank

dern ein erhabener Monolith mit zyklopischen Schwingen.

Das Rad schweigt, steht still. In jeder Stunde verliert es in diesem Zustand mehr als 1000 Euro.

Die Techniker stehen unten auf dem *Transition Piece*, haben Werkzeuge und Teile gekrant. Von dieser Plattform aus geht es nun senkrecht nach oben. Dirk Brasch und sein Team bereiten die Packsäcke vor, sie tragen Helme, Schutzbrillen, Sicherheitskleidung. Brasch, blanker Schädel, dichter Bart, ist *Service Lead* des Sandbank-Parks, und wenn er seinen Job erklären soll, erzählt er das gleiche, was er immer seinem Sohn sagt: „Papa wohnt auf der Nordsee und baut Windmühlen."

Was er seinem Sohn nicht erzählt: dass wenn oben einer eine Schraube fallen lässt und unten einer keinen Helm trägt, ihm diese wie eine Gewehrkugel durch den Kopf schießen würde.

Brasch und seine Leute müssen die Schaltanlage checken und die Blätter nach Schäden absuchen. Ein winziger Fahrstuhl bringt jeweils zwei Männer hoch, ein offener Metallkorb, der leicht vibrierend nach oben reist. Armdicke Kabelstränge verlaufen im Inneren des Turmes, Schotts und Hydraulikleitungen sind installiert, mit Frostschutzmittel gefüllte Ausgleichsbehälter. Zweimal muss man umsteigen, bevor man in fast 100 Meter Höhe ankommt – an der *nacelle* genannten, 140 Tonnen schweren Gondel, in der die sensibelste Technik der Windindustrie steckt.

Der Tag nach dem Gewitter. Das Windrad vom Typ SWT-4.0 130 steht still. In jeder Stunde verliert es in diesem Zustand mehr als 1000 Euro

Hydraulische Scheibenbremsen sind hier oben verbaut, Generatoren, die Windrichtungsnachführung und die Blattverstellung, Sensoren, Messinstrumente, Schaltschränke mit Mikroprozessoren – ein säuberlich arrangierter Wust aus Leitungen, Schläuchen, Fühlern und computergesteuerten Kühlsystemen. Brasch betritt die Gondel, drückt zwei Knöpfe. Die oberen Abdeckklappen fahren zur Seite wie die Ladeluken eines Spaceshuttle. Über ihm öffnet sich der Himmel. Ein leiser Wind geht, Wolken ziehen.

Brasch öffnet eine letzte Luke, steigt eine kurze Alutreppe hinauf und gelangt ins Freie: eine rot umzäunte Plattform 100 Meter über der Nordsee. Tief unten das fein ziselierte Grün der Wellen, aus dem die Turbine emporragt. Weit fällt der Blick von hier oben über das Meer und die Windparks, Schatten fliegen über die See, in der die anderen Mühlen sich verteilen wie eine Formation weißer Statuetten. Ein grotesk schönes Bild. Die vorderste Front der Technik inmitten blanker Natur.

Nicht alle dürfen hier hinauf. Die, die hochdürfen, nennen sie *ropemonkeys*, Kletteraffen. Die, die unten am *Transition Piece* arbeiten, haben andere Qualifikationen. „Kartoffelpuhler", sagt Brasch und schiebt sich den Helm in den Nacken. Der entrückte Arbeitsplatz bringt sogar die Techniker ins Schwärmen. Brasch: „Dafür mache ich diesen Job, dafür lebe ich."

Vor ihm biegt sich eines der 63 Meter langen Rotorblätter in die Weite, hängt im Himmel wie der Flügel eines erstarrten

Albatros. Mehr als 30 Tonnen wiegt jedes dieser Blätter. Messerscharf, spiegelglatt, mit feinen Strömungsturbulatoren versehen und von der Wurzel aus in einem sich immer mehr verjüngenden Bogen geschwungen, ragen die glasfaserverstärkten Schwingen von der Nabe aus in die Luft. Majestätische Flügel, die sich bei einem leisen Lüftchen von drei bis fünf Meter je Sekunde zu drehen beginnen, deren Anstellwinkel sich dem Wind ständig anpassen und die erst bei Windstärke zehn gebremst werden müssen, damit der ganze Turm unter den enormen Fliehkräften nicht kollabiert. Im Sturm können die Enden der Rotorblätter mit 400 Kilometer in der Stunde rotieren.

Brasch klettert aus der Gondel, entdeckt kleine Brandspuren an Blatt Nummer zwei. Er macht Fotos, Notizen im Tablet, ein Kletterteam wird sich demnächst um den Schaden kümmern. Die Männer prüfen noch drei Aggregate, zwei Stunden später sind sie wieder unten.

Zehn weitere Techniker sind draußen noch unterwegs, tauschen Öle und Sicherungen, tragen Korrosionsschutz auf, nehmen Erdungsmessungen vor. Zwei Transportschiffe pendeln den ganzen Tag zwischen Plattform und Turbinen, bis sich der Himmel am Nachmittag verdüstert. Auf der „MO1" bringt Kapitän Russ eine letzte Fuhre zurück zur Station, dann will er nach Hause. „Wir werden drei Stunden brauchen bis zum Festland", sagt er. „Zeit, dass wir abhauen. Es wird ungemütlich."

In den nächsten Tagen kommt der Sturm. Ein massiver Westwind, Stärke acht, in Böen zehn. Immer höher baut sich das Meer auf, unten an den Pylonen brechen sich sechs Meter hohe Wellen, und noch tief im Inneren der Wohnplattform, in den Betten auf Deck 4, ist ein leichtes Zittern zu spüren.

Unten in den Büros werten die Techniker Bestandsaufnahmen aus, bestellen Ersatzteile, machen Einsatzpläne für die Tage nach dem Sturm. Im Kontrollraum steht der Däne Carsten Heide Jensen in kurzen Hosen und Sandalen vor seinen Bildschirmen und Diagrammen. Hier liegt das Gehirn des Windparks DanTysk, von hier aus überwachen Jensen und sein Kollege Robert Neumann sämtliche Systeme, bekommen Fehlermeldungen, schielen immer wieder auf die Zahlen, um die sich alles dreht: Wind, Leistung, aktuelle Stromdaten. 290 Megawatt kann der Park produzieren, 400 000 Haushalte versorgen. Die Turbinen schaffen das, sobald der Wind mit Stärke sechs weht. 80 Windmühlen, die eine Stadt wie Bochum mit Strom füttern können und die Erdatmosphäre dabei jährlich um 700 000 Tonnen Kohlendioxidemissionen erleichtern.

Die Vorteile der Windenergie: Es gibt unendlich Nachschub und keine Emission. Der Nachteil: Die Energie kann nicht gespeichert werden

Jensen besitzt die Statur eines Zehnkämpfers, als Ingenieur hat er den Status *Senior Authorized Person*, und auch sein Herz schlägt für die Mission der erneuerbaren Energie. Seit sechs Jahren arbeitet er im Wind. „Es ist mein Anteil im Kampf gegen den Klimawandel. Ich glaube fest daran."

Viele Fakten geben ihm recht. Windanlagen an Land und auf dem Meer liefern derzeit rund 16 Prozent des in Deutschland produzierten Stroms, laut Umweltbundesamt hat die Windenergie den größten Anteil am Wachstum der erneuerbaren Energien: 2017 lieferten Turbinen 106,6 Terawattstunden, so viel wie nie zuvor. Die Bundesregierung will, dass bis 2025 allein die Windräder auf See einen Anteil von 15 Prozent des deutschen Stroms erzeugen. Und laut einer Studie des Global Wind Energy Council könnte 2030 sogar ein Fünftel des weltweit benötigten Stroms aus der Kraft des Winds stammen.

Die Vorteile der so gewonnenen Energie liegen auf der Hand: Nachschub gibt es unendlich viel, Emissionen gar keine. Nur bei der Errichtung und Wartung der Anlagen entstehen geringe Schadstoffmengen. Nachteil ist, dass der Wind nicht immer konstant weht und seine Energie sich nicht speichern lässt, sondern direkt in Strom umgewandelt werden muss. Umweltorganisationen wie Greenpeace plädieren daher für dezentrale Lösungen, möglichst viele kleine Solaranlagen auf unseren Häusern, dazu Biomasse, Erdwärme, Wasserkraft. Große Turbinenparks sollte es – nach dem Willen von Greenpeace – nur wenige geben. Am besten nur dort, wo sie weder Natur noch Mensch stören oder beeinflussen.

Unter dem Strich aber darf sich Carsten Jensen auf der richtigen Seite fühlen: Wind ist gut.

In diesen Tagen des Sturms öffnet sich kaum eine der Stahltüren der Plattform, und wenn einer kurz nach draußen muss, werden ihm die Türen beinahe aus den Händen gerissen. Für Montag und Dienstag sind alle Hubschrauberflüge gestrichen. Zu tief drückt die Wolkendecke auf die See. Die Basis ist nunmehr sich selbst überlassen, ein einsames Haus auf Stelzen, umbrandet vom Meer.

Drinnen wird unbeirrt weiter gearbeitet. Odila Gaertner bereitet die Logistik für einen weiteren Großkomponententausch vor, Carsten Jensen steht in Shorts vor seinen Messwerten, die Damen aus Litauen kümmern sich um die drei Höhepunkte des Tages: Frühstück, Mittag, Abendessen. Das große Thema an den Tischen ist nicht mehr die stürmische See. Es ist das Land. Wann geht es endlich nach Hause?

Erst am Mittwochmorgen bricht der Hubschrauber aus den tiefen Wolken, landet brüllend auf dem großen H des oberen Decks. Nelia Narkeviciute, Marina Liovina, Darragh Buch und Alex Beier werden da oben fast von der Plattform geweht, als sie sich in ihren Überlebensanzügen parat machen zum Einsteigen. Zurück nach Hause, zurück auf die Erde.

Es dauert keine fünf Minuten. In einer weiten nördlichen Kurve fliegt der Helikopter mit ihnen davon, während unten die Turbinen im stürmischen Meer stehen. Und sich drehen, als sei es nichts.

Bevor Marc Bielefeld, Jahrgang 1966, Autor in Hamburg, auf die Plattform durfte, musste er ein zweiwöchiges Sicherheitstraining absolvieren. Dazu gehörten der Ausstieg aus einem sinkenden Helikopter, Klettertechniken und Survivalstrategien auf See.
Seit Jahren fotografiert Paul Langrock, geboren 1954, wohnhaft in Berlin, Offshorewindparks. Die DanTysk-Wohnplattform gefällt ihm besonders gut. „Dort ist es auf jeder Etage absolut sauber."

mare
Die Zeitschrift der Meere

Hausnachrichten No. 81
April/Mai 2019

Exklusiv für mare-Abonnenten

Himmel über Tarsia

Tarsia öffnet sich

Ich kam an einem Julinachmittag nach Tarsia, zur *controra*, der „Gegenstunde". So nennt man im Süden Italiens die heißeste Zeit des Tages, kurz nach Mittag, in der sich jeder zurückzieht, die Türen schließt, die Fensterläden und sich verschanzt, gegen die Hitze, die hier im Sommer oft kein Erbarmen kennt. Es war um die 40 Grad heiß, auf den Straßen kaum jemand zu sehen. Auf den ersten Blick wirkte Tarsia wie eine Geisterstadt.

Aber dann, am späten Nachmittag, öffneten sich die Türen und Fensterläden wieder, und das Leben begann. So war es auch mit den Bewohnern dieses kleinen kalabrischen Orts, in dem ein Gedenkfriedhof gebaut werden sollte für die Flüchtlinge, die auf ihrer Flucht übers Mittelmeer ums Leben kamen. Waren die Tarsianer am Anfang noch verschlossen, so öffneten sie sich, kaum hatte man den ersten Schritt getan und angefangen, Fragen zu stellen. Je länger der Fotograf Francesco Zizola und ich vor Ort waren, desto mehr erzählten sie. Von ihren Leben, von Sorgen und Hoffnungen, von Begegnungen mit Flüchtlingen und von dem Konzentrationslager, das es in der Nähe des Orts während des Zweiten Weltkriegs gegeben hatte – und das, auch mit der Hilfe der Dorfbewohner, ein Ort des zivilen Widerstands gewesen war. Es schien, als wäre ihnen lange gar nicht klar gewesen, wie besonders ihr oder das Verhalten ihrer Vorfahren gewesen war. Aber es hatte etwas in ihnen hinterlassen. Was es ist, ist schwer zu verallgemeinern. Ich denke, es war unter anderem das Gefühl, dass es eben auch anders geht und es wichtig ist, menschlich zu bleiben, wenn man einander begegnet. So lernte ich einen Süden kennen, der durchdrungen ist von Herzlichkeit und tiefen Gedanken über das Leben. Einen Süden, der viel besser ist, als er es selbst oft zu wissen scheint.

Andrea Walter,
„Ein kleiner Himmel", Seite 68

Dieselben Wege

Vor zehn Jahren, während ich an meinem Buch „A Million Shillings: Escape from Somalia" arbeitete, erkundete ich eine neue Route durch Dschibuti, die von somalischen Flüchtlingen zunehmend als Alternative zu der immer tödlicheren Reise von Afrikas Horn gewählt wurde. Um neue Migrationsmuster zu untersuchen, habe ich die Region nun erneut besucht, und als ich ein Jahrzehnt später in die dieselbe heruntergekommene Pension in den Slums von Dschibuti-Ville zurückkehrte, wo ich dieses Mal jemenitische Flüchtlinge fotografierte, fand mich meine wunderbare Übersetzerin, noch bevor wir uns am Eingang zur Pension getroffen hatten. Denn sie zeigte auf ein Bild, das ein unbekannter Künstler an die Fassade gemalt hatte. Eine Frau in einem rosaroten Hidschab mit einer Kamera vor dem Auge. Das Gemälde bestätigte, dass ich tatsächlich vor zehn Jahren dieselben Wege gegangen war. „Du bist das!", rief meine Übersetzerin.

Gut getroffen: Alixandra Fazzina

Alixandra Fazzina,
„Hin und zurück", Seite 36

Häuptling Welle

Nein, ein richtiger Surfer werde ich nie sein. Ich kenne zwar die Aufregung beim ersten Blick auf den Ozean am Morgen, ich weiß, wie es ist, auf dem Board zu stehen und geschmeidig eine Welle entlang zu gleiten, kenne den salzigen Geschmack eines Schlucks Meerwasser, das ruhige Warten zwischen den anderen auf eine geeignete Welle – und natürlich das Wichtigste: sich auszumalen, wie man am nächsten Tag die perfekte Welle reiten wird. Dennoch werde ich nie ein richtiger Surfer sein, nicht mal ein guter. Ich werde nie den Kick erleben, von

Surfender Holzfäller: Tony Morlett

einer haushohen Woge hinunterzugleiten, während mein Brett durch die Beschleunigung über die steile Wasseroberfläche anfängt zu rattern. Ich werde nie das religiöse Gefühl erleben, wenn man in einer *tube* dahingleitet, wo die Zeit stehen zu bleiben und man im *green room* sich in einer anderen Dimension zu befinden scheint. Nein, all diese intensiven Erfahrungen und Gefühle werde ich nie erleben können. Und das ist verdammt schade. Und neidisch bin ich auch.

Doch mein Lebensmittelpunkt und meine steifen Glieder sind Hindernisse, über die ich nicht hinwegpaddeln kann. Surfen hat damit zu tun, die Energie einer gewaltigen Sache in Bewegung zu verwandeln. Fotografieren ist genau das Umgekehrte. Fotografieren bedeutet, Bewegung in etwas Kleinem zu verankern, das Leben in einen Rahmen einzuspannen. Ich bin ganz sicher ein Fotograf und ganz offensichtlich kein Surfer. Aber das hat auch seinen Vorteil.

Ich hatte das Glück, lange und genau Männer und Frauen zu beobachten, die den Ozean in ihrer Seele tragen. Ich fotografierte sie sehnsüchtig, verzweifelt und trocken vor dem Surfen … und nass, erschöpft und euphorisch danach. Nein, ich fotografierte sie nicht in voller Aktion im brausenden Meer, sondern mit den Füßen im Sand. Ich formte sie, modellierte sie, versteinerte sie vor meiner Kamera. So nahe an der Brandung muss man einiges an Mühe aufbringen, um Surfer für ein paar Minuten festzuhalten und vor die Linse zu bringen, während der Ruf der Sirenen sie ständig ins Meer zurückzulocken versucht. In ihren klaren Augen sah ich die Wogen heranbrausen. Ich durfte ihre Körper in die idealen Posen zwingen, begleitete ihre selbstsicheren, auf Horizonte außerhalb des Bildes gerichteten Blicke.

All diese Männer und Frauen habe ich auf Stränden in Kalifornien, Hawaii, Australien, Neuseeland, Bali, Frankreich, Sri Lanka, Senegal und São Tomé fotografiert. Ich habe ihre Körper im Schatten azurblauer Surfspots achromatisch festgehalten. Banzai Pipeline, Padang Padang, La Gravière … all diese Ortsnamen kennen Landratten nicht, doch Surfer brauchen keinen Kompass, um sie zu finden. Der Atlas ist in ihre Herzen tätowiert. Ob es sich um lebende Legenden oder zukünftige Champions handelt, um junge Profisurfer oder ältere Surfhippies, Surffotografen, Retter, Musiker, *surf chicks* oder einfach nur um faszinierte Zuschauer: Alle teilen sie etwas Gemeinsames, etwas, das sie am anderen wiedererkennen – die Liebe zum Wasser, die Sucht nach der Welle, die Leidenschaft für den Surf.

Diese Gruppe von Menschen ist nicht durch Land verbunden, sondern durch die Strömung der Weltmeere. Wesen, die fast amphibisch leben und am besten auf dieser magischen Grenze gedeihen, dort, wo Wasser und Land sich berühren. Ein Surfer ist jemand, der auf dem Wasser laufen oder, besser gesagt, von einem sich bewegenden Berg hinuntergleiten kann. Weit draußen im Ozean entsteht eine Vibration, die vom Wind auf die Küste zugetrieben wird. Der Epilog dieser langen Reise der Welle: Das ist genau die Stelle, wo die Surfer auf ihrer unablässigen Suche nach dem perfekten Wellenhang die Sache in die Hand nehmen. Das ist der Ort, an dem Newton von Neptun vertrieben wird. Surfer, mit Board oder Paddel bewaffnet, sehen aus wie Krieger mit Schild und Speer. Sie sind Teil einer flüssigen Community. Sie sind alle demütige Untertanen des mächtigen *Surf Tribe*, in der der Mensch nicht das letzte Wort hat. Ein Stamm ohne Anführer. Mit der Natur als einzigem Häuptling.

Stephan Vanfleteren
(aus dem Niederländischen von Andreas Gressmann),
„Auf einer Wellenlänge“, Seite 12

Ausgezeichnet

mare-Redakteur Dimitri Ladischensky ist für seine Reportage „Was vom Leben übrig bleibt“ mit dem Erich-Klabunde-Preis des Deutschen Journalisten-Verbands (DJV) ausgezeichnet worden. Die Ehrung überreichte ihm Hamburgs Erster Bürgermeister Peter Tschentscher vor rund 800 Gästen auf dem Hamburger Presseball im „Atlantic“-Hotel: „Mit ‚Was vom Leben übrig bleibt‘ würdigt die Jury eine Reportage, die eine besondere Seite einer Hafenstadt wie Hamburg zeigt. Dimitri Ladischenskys Porträt des unbekannten Seemanns bewegt den Leser und weckt das Interesse für eine Lebensgeschichte, die fernab der Gesellschaft spielt. Ich gratuliere Dimitri Ladischensky herzlich zum Erich-Klabunde-Preis 2019.“

Aus der Redaktion.
„Was vom Leben übrig bleibt“ ist in mare No. 124, Oktober/November 2017, erschienen.

Ladischensky (M.) mit Peter Tschentscher und Marina Friedt (DJV)

Komplett modernisiert, damit noch schöner und komfortabler, vor allem aber noch umweltfreundlicher fährt das mare-Schiff „Cape Race“, ein stilvoll umgebauter kanadischer Kutter, im nächsten Jahr zu den aufregendsten Schönheiten Spitzbergens. Die begrenzte Zahl von zwölf Passagieren, das auf den neuesten Stand gebrachte Schiff mit dem Charme historischer Trampschifffahrt und die extrem arktiserfahrene Crew (der Kapitän fährt seit zehn Jahren in Spitzbergens Gewässern) sind die Merkmale dieser Reisen.

Zwei Fahrten bieten wir im Sommer 2020 an, davon eine mit einem wissenschaftlichen Schwerpunkt. Diese Wissenschaftsreise startet am 26. August 2020 in Longyearbyen auf Spitzbergen und dauert neun Tage. Sie wird von einem renommierten Meeresforscher begleitet, der Ihnen die komplexe und faszinierende Ökologie der Arktis näherbringt – das Ganze auf der Grundlage des sechsten „World Ocean Review“, einer Publikation, die in Zusammenarbeit des mareverlags mit allen deutschen Meeresinstituten erstellt wird.

Die Buchung ist in Kürze über unseren Partner Leguan Reisen möglich. Weitere Informationen – auch zur geplanten Literaturreise – finden Sie in den kommenden Ausgaben von mare und unter www.mscaperace.com.

Bei Interesse und weiteren Fragen bitten wir Sie um eine Mail an info@mscaperace.com.

Welches Heft fehlt Ihnen noch?

**Alle unten gezeigten mare-Ausgaben sind in unserem Shop erhältlich.
Bestellen Sie einfach und schnell unter www.mare.de oder kontaktieren Sie uns per Telefon +49/(0)34206/65-135 oder per Fax +49/(0)34206/65-1739.
Die Hefte No. 1 bis 18 sowie 20, 21, 23, 25, 28, 30, 32, 35 und 83 sind leider vergriffen.**

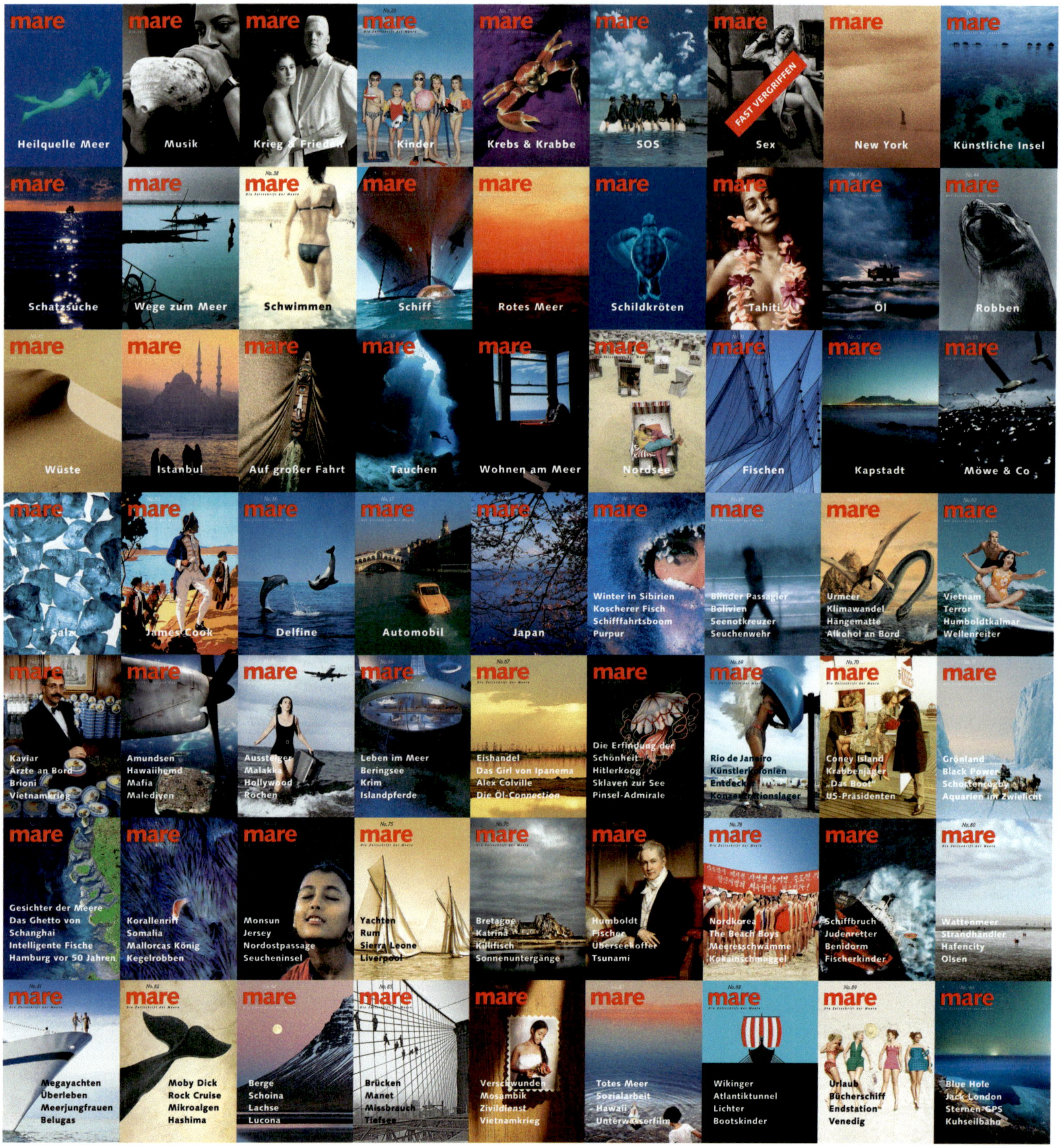

In unserem mareshop unter www.mare.de finden Sie nicht nur sämtliche mare-Hefte, -Bücher, -Kalender und -Bildbände, sondern auch passende Schuber, unsere beliebten Badetücher und viele weitere Produkte. Und wenn Sie vergriffene Hefte suchen oder Platz in Ihrem mare-Regal schaffen wollen, dann schalten Sie doch eine Gratisanzeige in unserem Hafenbasar (bei „Fundstücke") oder handeln dort mit Ihren gebrauchten Heften.

Zum Beispiel: mare-Sammelbox 18 €

Alle Preise zuzüglich Versandkosten (in D pauschal 3,50 €, EU 5 €, übrige Länder 7,50 €). Die Versandkosten entfallen, wenn der Bestellwert den Betrag von 25 € überschreitet (gilt nur für D und A). mare-Hefte sind, soweit nicht vergriffen, zum Preis von 7,50 € (ab No. 74: 8,50 €, ab No. 98: 9,50 €, ab No. 131: 12 €) erhältlich.

Außen modern, innen Glasgow Style: das neue schottische Designmuseum

Kultur
Designmuseum in Dundee

Es ist ein Gebäude, das auffällt: das neue Designmuseum im Hafen der schottischen Stadt Dundee. Direkt am Firth of Tay, einem Meeresarm der Nordsee, gelegen, ragt es wie zwei Schiffe aus dem Uferviertel heraus. Die Außenwände mit 2500 dunklen Steinlamellen erinnern an die rauen Klippen der nordöstlichen Küste Schottlands. V&A Dundee heißt das Museum und ist eine Außenstelle des Londoner Victoria & Albert Museum. Entworfen wurde es vom japanischen Architekten Kengo Kuma. Seit der Eröffnung im vergangenen September besuchten bereits rund 400 000 Menschen das Museum – darunter auch Prinz William und Herzogin Kate, die das V&A Dundee im Januar offiziell einweihten. Tristram Hunt, Direktor des Londoner Victoria & Albert Museum, sagt: „Das Museum stärkt die Position Dundees als internationaler kultureller Anziehungspunkt.“ Herzstück des Museums sind die Scottish Design Galleries, wo zum Beispiel Tartanstoffe, Strickpullover mit Fair-Isle-Mustern oder schottische Paisley-Paschminas zu sehen sind. Auch zeitgenössisches Modedesign gehört zur Ausstellung. Höhepunkt ist der „Oak Room“ des großen schottischen Architekten Charles Rennie Mackintosh, ein eichenholzgetäfelter Saal im Glasgow Style, dem schottischen Jugendstil. Er ist zum ersten Mal seit 50 Jahren wieder zugänglich. *mz*

Biologie
DNA-Suche nach Fischen

Der Nachweis einer bestimmten Fischart in einem Meeresgebiet gleicht oft der Suche nach der sprichwörtlichen Nadel im Heuhaufen. Das könnte sich bald ändern. Forscher arbeiten an einer ganz neuen Nachweismethode für Meeresbewohner: einem genetischen Fingerabdruck. Marine Umwelt-DNA lautet der Fachausdruck für die minimalen Erbgutspuren, die Fische und andere Lebewesen als Teil von Schleim oder Ausscheidungen im Meerwasser hinterlassen. Dank enormer Fortschritte in der DNA-Sequenziertechnik lassen sich inzwischen selbst einzelne Molekülabschnitte in einer Wasserprobe vervielfältigen, entziffern und durch den Vergleich mit Datenbanken ihren Urhebern zuordnen. Wie gut das schon jetzt funktioniert, zeigen Daten, die Biologen der New Yorker Rockefeller University vor Kurzem einem Fachpublikum präsentierten. In kleinen Wasserproben aus Hudson und East River und dem Meer rund um New York konnten sie die DNA der meisten für die Region bekannten Fischarten identifizieren und über einen Zeitraum von anderthalb Jahren auch deren Wanderungen nachvollziehen. Jesse Ausubel, Umweltwissenschaftler an der Rockefeller University, sagte, man könne zum Beispiel genau nachverfolgen, wann eine Schollenart zum Ablaichen in die Flüsse wandert – und Baggerarbeiten im Hafen so lange unterbrechen. *gr*

Politik
Dänisches Alcatraz

Dänemarks Regierung will straffällig gewordene Flüchtlinge ab 2021 auf der Insel Lindholm internieren. Bisher wurden auf der Insel rund 100 Kilometer südlich von Kopenhagen Tierkrankheiten wie die Maul- und Klauenseuche erforscht. Sie ist für die Öffentlichkeit gesperrt und soll für 100 Millionen Euro dekontaminiert und saniert werden. Vorgesehen für die Internierung sind laut Inger Støjberg, Ministerin für Ausländer und Integration von der konservativ-liberalen Venstre-Partei, „kriminelle Ausländer“, die eine Haftstrafe verbüßt und einen Ausweisungsbeschluss haben, aber zum Beispiel wegen drohender Folter oder Todesstrafe nicht in ihr Heimatland abgeschoben werden können. Zurzeit betrifft das rund 75 Personen. Medienberichten zufolge gehe es dem rechten Regierungslager um einen Symboleffekt vor den Wahlen im Juni. Unter dem Motto „Es reicht! Bewahre die Menschenrechte, Dänemark!“ demonstrierten in Kopenhagen und anderen

Städten bereits über 10 000 Menschen gegen das Vorhaben. Die UN-Kommissarin für Menschenrechte, Michelle Bachelet, ist besorgt. „Wir verfolgen das genau. Durch Isolierung stigmatisiert man diese Menschen nur noch mehr.“ In Kreisen der dänischen Polizei wird die Insel bereits „dänisches Alcatraz“ genannt. *mz*

Geschichte

Flinders-Überreste gefunden

Er war der erste Europäer, dem es gelang, Australien zu umsegeln: Matthew Flinders. Nun haben Archäologen beim Bau einer Schnellbahntrasse in London die sterblichen Überreste des britischen Forschungsreisenden entdeckt. Seine Leiche galt rund 170 Jahre als verschollen. Er wurde zwar nach seinem frühen Tod mit 40 Jahren am 23. Juli 1814 auf dem Friedhof St. James's Gardens in London bestattet. Doch in den Vierzigerjahren des 19. Jahrhunderts verschwand sein Grabstein beim Ausbau des Friedhofsgeländes. Als die Archäologen im Zug der Bauarbeiten für das Bahnprojekt „High Speed 2“ die alten Gräber untersuchten, stießen sie in den Überresten von 40 000 Verstorbenen auf Flinders' markanten Brustpanzer aus Blei. „Wir haben die Nadel im Heuhaufen gefunden“, sagt Archäologin Helen Wass, Leiterin der Ausgrabungen. „Wir wussten, dass er hier begraben wurde. Aber ihn dann tatsächlich zu finden, mit einer Brustplatte, die seinen Namen trägt, war bemerkenswert.“ Jetzt werde sein Skelett untersucht. Flinders reiste vor allem in den Pazifik. Als Kapitän der „Investigator“ umsegelte er von Juli 1802 bis Mai 1803 Australien. Auf Flinders geht auch der Name „Australien“ zurück, den er für das bis dahin „Neuholland“ genannte Gebiet vorschlug. *mz*

Entdeckt: Die Gebeine lagen auf dem Gelände einer künftigen Bahntrasse

Vor 200 Jahren

Erste Atlantiküberquerung eines Dampfschiffs

„Schiff in Flammen“ meldete die britische Küstenwache, als die „Savannah“ auf den Hafen von Liverpool zusteuerte. Erst als das Schiff näher kam, wurde klar: Es war gar kein Feuer. Zwischen den Masten erhob sich ein Schornstein, aus dem Rauch quoll. Die „Savannah“ war ein Segelschiff mit einer zusätzlichen Ausrüstung als Raddampfer. Zwei Amerikaner, Kapitän Moses Rogers und Ingenieur Stephen Vail, hatten mit Geldgebern aus Savannah den Dreimaster zum hochseetüchtigen Dampfschiff ausbauen lassen. Die beiden Pioniere wollten beweisen, dass es sich sowohl zeitlich als auch finanziell lohnt, auf die neue Dampfkraft zu setzen. Sogar US-Präsident James Monroe interessierte sich öffentlichkeitswirksam für die „Savannah“. Doch es nützte nichts. Niemand wollte ihr Waren oder Passagiere anvertrauen. So startete die „Savannah“ am 22. Mai 1819 ohne jede Ladung zur ersten Atlantiküberquerung eines Dampfschiffs. Die Reise führte von Charleston an der Ostküste der USA nach Liverpool. Unterwegs segelte das Schiff die meiste Zeit. Nur während Flauten und bei der Ankunft in England am 20. Juni stampfte die Maschine und qualmte der Schornstein. Während der gesamten einmonatigen Überfahrt wurden die zwei Kessel nur 80 Stunden beheizt. Nach ihrer Ankunft unternahm die „Savannah“ noch eine Werbefahrt durch die Nord- und Ostsee. Zurück in den USA, zogen ihre Eigner Bilanz. Trotz des großen Aufsehens blieb die Unternehmung ein finanzieller Fehlschlag. Die Dampfmaschine und die Radschaufeln wurden wieder ausgebaut. Die „Savannah“ segelte fortan als einfacher Frachtsegler entlang der Ostküste. Es sollte noch über 20 Jahre dauern, bis weitere, vor allem größere Schiffe die Überfahrten per Dampfkraft wagten. *fk*

Illustration: Ueli Etter

Großprojekt: Diktator Kim Jong-un überprüft die Pläne für das Urlaubsresort

Reise

Nordkorea baut Mega-Resort

Das Regime in Pjöngjang baut ein riesiges Strandresort im Umland der Hafenstadt Wŏnsan an der Ostküste des Landes. Das berichtet „38 North“, die Website eines renommierten Washingtoner Thinktanks. Die Seite analysiert aktuelle Entwicklungen in Nordkorea, vor allem anhand von Satellitenbildern. Die Gebäude des Strandresorts sind, den Bildern von Ende Dezember 2018 nach zu urteilen, fast fertig oder weit fortgeschritten. Nordkoreanischen Staatsmedien zufolge soll Machthaber Kim Jong-un die Anlage bereits dreimal besucht haben. Er überwache die Baufortschritte persönlich und gebe detaillierte Anweisungen, zum Beispiel für den Bau von Spielhallen oder zur Stockwerkanzahl des Hotels. Eröffnet werden soll das Resort im Oktober, zum 74. Jahrestag der Gründung der Arbeiterpartei. „Die Regierung in Pjöngjang konzentriert sich seit Jahren darauf, den Tourismus im Land zu fördern. Vor allem seit 2011 können chinesische Touristen leichter einreisen, es gibt mehr Flüge, eine bessere Infrastruktur und neue Hotels in landschaftlich reizvollen Gegenden“, schreiben die Experten von „38 North“. Nordkorea wird Schätzungen zufolge jährlich von rund 100 000 Urlaubern besucht, die meisten kommen aus China. *mz*

Geologie

Ultralangsames Seebeben

Südlich von Istanbul ist es im Sommer 2016 zu einem großen Erdbeben gekommen – allerdings in Superzeitlupe. Kaum jemand bemerkte das ultralangsame Beben unter dem Marmarameer, weil es statt weniger Sekunden mehr als 50 Tage dauerte. Forscher des Deutschen GeoForschungsZentrums (GFZ) und des türkischen Katastrophenschutzes hatten Daten aus Deformationsmessgeräten in Bohrlöchern erstmals nach einer völlig neuen Methode ausgewertet. „Dadurch konnte das langsame Kriechsignal identifiziert werden, das innerhalb der Erdkruste auftrat. Es war so stark wie das größte jemals gemessene derartige Signal entlang der San-Andreas-Verwerfung in Kalifornien“, sagt Patricia Martínez-Garzón, Hauptautorin der Studie. Südlich von Istanbul und unter dem Marmarameer verläuft ein Teil der Nordanatolischen Verwerfung, einer geologischen Bruchzone, die Eurasien und die Anatolische Platte trennt. An dieser tektonischen Grenze kommt es regelmäßig zu verheerenden Erdbeben, zuletzt 1999 bei İzmit mit fast 20 000 Toten. Marco Bohnhoff, Geophysiker am GFZ: „Unsere Ergebnisse ermöglichen es, das regionale seismische Risiko besser zu verstehen, insbesondere für die 15-Millionen-Metropole Istanbul, die von einem Starkbeben bedroht ist.“ *mz*

Wassersport

Indoor-Surfhalle in Berlin

Wer für die perfekte Welle nicht nach Malibu oder Maui fliegen will, kann an immer mehr Orten in Deutschland in Hallen oder auf Seen surfen. Möglich ist das bereits in Osnabrück, Langenfeld bei Köln und in München. Eine weitere Indoorsurfhalle soll demnächst in Berlin öffnen: das „Wellenwerk“. „Die Idee ist nach einem gemeinsamen Surfurlaub auf Bali entstanden. Da wir alle Berliner sind, wollten wir unsere Stadt um diese Attraktion bereichern“, sagt Julius Niehus, einer der sieben Gründer, alle zwischen 25 und 35 Jahre alt. Zurzeit wird an der Halle noch gebaut. Die künstliche Welle von bis zu 1,60 Meter Höhe wird von dem System „Citywave“ mithilfe einer hydraulischen Rampe erzeugt. Das „Wellenwerk“ mit seinem 10 mal 18 Meter großen Surfbecken richtet sich aber nicht nur an Profis. „Wir wollen Surfen für alle Menschen erreichbar machen, auch Kindern oder Menschen, die Angst vor Wassersportarten haben“, erklärt Niehus. Deshalb ist der Beckenrand gepolstert, und die Leihbretter bestehen aus einem weichen Material, damit man sich nicht verlet-

Nicht Hawaii, sondern Berlin: die neue Indoor-Surfhalle „Wellenwerk“

zen kann. Eigene Surfbretter dürfen aber mitgebracht werden. Im Vorverkauf kostet eine Surfstunde mit Brett und Lehrer 35 Euro. Weitere Indoorsurfhallen sind derzeit in Hamburg und im Ruhrgebiet in Planung. Bei Redaktionsschluss war die Eröffnung des Berliner „Wellenwerks" noch für dieses Frühjahr vorgesehen. *mz*

Leben

Schwimmender Supermarkt

Das Emirat Dubai am Persischen Golf ist um eine Skurrilität reicher: Vor Kurzem eröffnete dort ein schwimmender Supermarkt. Das für diesen Zweck speziell angefertigte Schiff „Aqua Pod" liegt mitten im Meer und kann per Segelboot oder Jetski erreicht werden. „Sechs Tage die Woche von zehn bis 18 Uhr hat unser weltweit einzigartiges Handelsschiff geöffnet", so Hani Weiss, Chef der MAF Group des Milliardärs Majid Al Futtaim. Dubais Shoppingmall-König arbeitet für dieses Projekt mit dem französischen Handelsriesen Carrefour zusammen. 300 Produkte wie Burger, Getränke, Lebensmittel, Sonnenmilch und Pharmaprodukte können in dem schwimmenden Supermarkt gekauft werden. Per Jetski fährt man zum omnibusgroßen Schiff, dockt an einem Ausleger an, sagt dem Verkäufer, was man haben möchte, und dieser reicht einem dann die Waren. Kunden auf Segelbooten ankern in einem Sicherheitsabstand vor dem Supermarkt und ordern dann telefonisch oder per „Aqua Pod"-App. Ein kleines Lieferboot bringt die Ware innerhalb von 45 Minuten. Darüber hinaus läuft der mobile Carrefour-Supermarkt auch drei Strände an, darunter den berühmten „Kite Beach". Der schwimmende Laden, den die Betreiber als „ersten Sail-thru-Supermarkt" bezeichnen, wurde vom Aquatic Architects Design Studio in Dubai ökologisch ausgerüstet. Das batteriebetriebene Schiff verfügt über einen sogenannten Seabin. Dieser „Meereimer" ist in der Lage, Wasser anzuziehen und es schonend zu filtern. Während der Fahrten bleibt schwimmender Abfall hängen, der an Land entsorgt werden kann. Auch Spül- und Toilettenwasser wird gereinigt und in Trinkwasserqualität in Tanks gespeichert. Plastikflaschen an Bord sollen vermieden werden. Miguel Povedano, der für das Carrefour-Geschäft zuständige Manager der MAF Group, sagt, es sei ein natürlicher nächster Schritt, Kunden „überall erreichen zu können – egal ob zu Land oder zu Wasser". Retail-Expertin Janine Seitz, Kulturanthropologin am Frankfurter Zukunftsinstitut, erklärt: „Der Point of Sale wandelt sich zum Point of Situation. Dort zu sein, wo sich der Kunde befindet, wird entscheidend. Immer mehr Händler kommen deshalb zum Kunden und werden Teil ihrer Lebenswelt, indem sie auf die jeweilige Situation zugeschnittene Services und Produkte anbieten." *jsc*

Shoppen im Meer: der mobile Carrefour-Supermarkt vor der Küste Dubais

Umwelt

Wasserschutz aus 3-D-Drucker

Neuartige Fliesen an Sydneys Ufermauern sollen die Wasserqualität im Hafen verbessern. Die sechseckigen Platten ähneln in ihrer Struktur einheimischen Mangrovenwurzeln, einem wichtigen Lebensraum für Kleinstlebewesen im Meer. „Living Seawalls" heißt das Projekt des schwedischen Autoherstellers Volvo, das in Zusammenarbeit mit dem Sydney Institute of Marine Science entstanden ist. „Die Kacheln locken Mikroorganismen an, die Schadstoffe wie Schwermetalle oder Schwebstoffe aus dem Wasser aufnehmen und filtern", erklärt Volvo. Die insgesamt 50 3-D-gedruckten Platten, die aus Beton und recycelten Plastikfasern bestehen, wurden auf einer vorhandenen Mauerstruktur im Hafen installiert. Auch Muscheln und Weichtiere wie Schnecken oder Tintenfische sollen sich dort ansiedeln. Mithilfe der Kacheln könnten menschengemachte Barrieren wie Ufermauern nun zu einem potenziellen Lebensraum für Meerestiere werden, so das Unternehmen. „Wir werden weiter untersuchen, welches Design und welche Geometrie unser Ökosystem am besten unterstützen." Volvo positioniert sich seit einiger Zeit als Vorreiter in Sachen Umweltbewusstsein. Die Schweden mustern schrittweise ihre Diesel- und Ottomotoren aus. Schon ab diesem Jahr sollen neue Modelle ausschließlich mit Elektro- oder Hybridantrieb erhältlich sein. Zudem hat Volvo-Chef Håkan Samuelsson angekündigt, ab 2020 die Höchstgeschwindigkeit seiner Autos auf 180 Stundenkilometer zu begrenzen. *mz*

Illustration: Ueli Etter

Impressum

mare

VERLEGER UND CHEFREDAKTEUR
Nikolaus Gelpke (V.i.S.d.P.)

STELLVERTRETENDER CHEFREDAKTEUR TEXTCHEF
Karl Spurzem
spurzem@mare.de

ART DIRECTOR
Nadja Zobel
zobel@mare.de

PHOTO DIRECTORS
Barbara Stauss, Petra Koßmann,
stauss@mare.de, kossmann@mare.de

REDAKTION LEBEN/POLITIK
Dimitri Ladischensky
ladischensky@mare.de

REDAKTION WIRTSCHAFT/WISSENSCHAFT
Jan Keith
keith@mare.de

REDAKTION KULTUR
Zora del Buono, Martina Wimmer
delbuono@mare.de, wimmer@mare.de

REDAKTION ONLINE
Wiebke Böse
boese@mare.de

LEITUNG MARKETING/KOMMUNIKATION
Jan Lehmköster
lehmkoester@mare.de

VERTRIEBSLEITUNG
Karin Trommer
trommer@mare.de

BUCHHALTUNG
Nicole Steinhauser, Jutta Borgerding
steinhauser@mare.de, borgerding@mare.de

ORGANISATION
Eva Grünert
gruenert@mare.de

SATZ/LITHOGRAFIE
Andrea Best
best@mare.de

KORREKTORAT
Susanne Feyke

PRODUKTION
HS Printproduktion, Holger Schmirgalski

DRUCK
Druckhaus Kaufmann

VERTRIEB
Stella Distribution GmbH
ISSN 1432-928X
ISBN 978-3-86648-422-1

ABONNEMENTVERTRIEB
QS Quality Service GmbH

ANZEIGEN

ANZEIGENVERMARKTUNG

iq media marketing gmbh
Ein Unternehmen der Handelsblatt
Media Group
Toulouser Allee 27, 40211 Düsseldorf
www.iqm.de

ANZEIGENLEITUNG mare
Anke Wiegel
iq media marketing gmbh
Speersort 1, 20095 Hamburg
Telefon 040/3280-345
anke.wiegel@iqm.de

LIFESTYLE
Patricia Rudigier, Anne Sasse
Telefon 089/545907-29
Nymphenburger Straße 14, 2. Stock
80335 München

FINANZEN
Martin Gehlen
Telefon 0211/887-2325
Toulouser Allee 27, 40211 Düsseldorf

REPRÄSENTANZ DÜSSELDORF
Marion Weskamp
Telefon 0211/887-2055
Toulouser Allee 27, 40211 Düsseldorf

REPRÄSENTANZ HAMBURG/BERLIN
Matthias Schalamon
Telefon 040/30183-102
Brandstwiete 1, 20457 Hamburg

REPRÄSENTANZ FRANKFURT/MAIN
Christian Leopold
Telefon 069/2424-4510
Eschersheimer Landstraße 50
60322 Frankfurt/Main

REPRÄSENTANZ MÜNCHEN
Tina Znagovan
Telefon 089/545907-29
Nymphenburger Straße 14, 2. Stock
80335 München

INTERNATIONAL

iq media marketing gmbh
Gerda Gavric-Hollender
Telefon 0211/887-2343
Toulouser Allee 27, 40211 Düsseldorf

ClimatePartner°
klimaneutral
Druck | ID 11061-1707-1001

mare wird klimaneutral hergestellt und an die Abonnenten in einer kompostierbaren Biofolie versendet.

ANSCHRIFTEN

Redaktion und Verlag
mareverlag GmbH & Co. oHG
Sandthorquaihof
Pickhuben 2, 20457 Hamburg
Telefon 040/36 98 59-0
Fax 040/36 98 59-99
mare@mare.de, www.mare.de

Redaktionsbüro Berlin
Oranienstraße 10–11
10997 Berlin

Art Direction: Telefon 030/612 86 154
Photo Direction: Telefon 030/617 027 34
Redaktion Kultur: Telefon 030/612 806 93
Fax 030/612 806 94

ABONNEMENTSERVICE

mare-Service
Postfach 11 10 11, 20410 Hamburg
service@abo.mare.de
Telefon +49/(0)40/3007-3536, Fax -853536
Jahresabonnement: 60 Euro
Studentenabonnement: 54 Euro

mare ist stets erhältlich im Bahnhofs- und Flughafenbuchhandel.

mare erscheint im mareverlag GmbH & Co. oHG, HRA 90234, PHG: Dreiviertel Verlag GmbH, HRB 63029, Nikolaus Gelpke

BILD- UND TEXTNACHWEIS

Bildnachweis
(l.: links; r.: rechts; M.: Mitte; o.: oben; u.: unten)
Titel: Heribert C. Ottersbach, „Piazza", 2008/© VG Bild-Kunst, Bonn 2019/Privatsammlung/courtesy Beck & Eggeling, Düsseldorf/Foto: C. V. Dahmen, Köln; S. 5: Mathias Bothor/Photoselection; S. 6 v.o.l.n.u.r.: Stephan Vanfleteren; Alixandra Fazzina/Noor; Diana Markosian/Magnum/Ag. Focus; Severin Wohlleben; mauritius images/Science Faction/Norbert Wu; Kat Menschik; Paul Langrock; S. 8/9: mare/Illustration: RB+MKB-Deskkart, Hamburg; S. 13–28: Stephan Vanfleteren; S. 33: © Sotheby's/akg-images; S. 37–50: Alixandra Fazzina/Noor; S. 52 (Karte): Peter Palm, Berlin; S. 56–63: Diana Markosian/Magnum/Ag. Focus; S. 66: Christian Büttner; S. 68–77: Francesco Zizola/Noor; S. 79: Elena Marlies; S. 81: Quelle: http://kepexpo.net; S. 81 (Illustration): © vpanteon – stock.adobe.com; S. 82: Quelle: http://kepexpo.net; S. 82 (Illustration): © vpanteon – stock.adobe.com; S. 83: Sammlung Chiocchia; S. 85: Quelle: Münchner Stadtbibliothek/Monacensia, EMB D 1; S. 87 (beide): Severin Wohlleben; S. 89: mauritius images/Science Faction/Norbert Wu; S. 90 o.: Lukas Böni/ETH Zürich; S. 90 u.: picture alliance/AP Photo; S. 92: mare; S. 95 (Illustration): Orlando Hoetzel; S. 96–101: Kat Menschik; S. 102 (beide) und S. 103: Werner Lebert; S. 104: Daniel Cassady; S. 105 (beide): Nele Gülck; S. 106 (Plakat): © Internationale Filmfestspiele Berlin/Velvet Creative Office; S. 106 o.: Palomar 2018; S. 106 u.: © Rafael Winer; S. 107: Heike Ollertz/Ag. Focus; S. 108: C. Kirchner, SDTB; S. 109: © Luchterhand Literaturverlag; S. 109 (Porträt): Petra Koßmann; S. 110: Reinhard Dirscherl/Ocean Photo; S. 111 (Kasten): Bayerische Staatsgemäldesammlungen, Sammlung Moderne Kunst in der Pinakothek der Moderne, München, Leihgabe aus Privatbesitz, © VG Bild-Kunst, Bonn, 2019; S. 111 o.: Gueorgui Pinkhassov/Magnum/Ag. Focus; S. 112–117: Paul Langrock; S. 118: Marc Bielefeld; S. 119: Paul Langrock; S. 124–127 (Illustration unten): Ueli Etter; S. 124 o.: © Hufton+Crow; S. 124 u.: Charles Rennie Mackintosh's Oak Room has been meticulously restored, conserved and reconstructed through a partnership between V&A Dundee, Glasgow Museums and Dundee City Council; S. 125: James O. Jenkins/picture alliance/AP Photo; S. 125 (Kasten): https://de.wikipedia.org/wiki/Savannah_(Schiff,_1819), Stand: 25.02.2019; S. 126 l.: picture alliance/Reuters; S. 126 r.: Wellenwerk Berlin GmbH & Co. Sport KG; S. 127 o.: Majid Al Futtaim; S. 127 u.: Kriki/Christian Groß; S. 128: Heike Ollertz/Ag. Focus; S. 129 o.: Jan Windszus; S. 129 M.: Cyril Ruoso; S. 129 u.: Jesco Denzel/laif; S. 130: Christian Schneider; Heftrücken: Conny Bangert.

Textnachweis
S. 32: Max Frisch, aus: Tagebuch 1946–1949, Suhrkamp Verlag, Frankfurt am Main, 1950;
Sainkho Namtchylak, „Der Ozean ist groß!", Deutsch von Jasper Friederichs, Literaturbrücke e.V. Berlin.

Der Abonnementauflage von mare sind Beilagen von Greenpeace e.V., Hamburg, und Plan International Deutschland, Hamburg, hinzugefügt. Wir bitten um freundliche Beachtung.

mare *No. 134* Juni/Juli 2019

ab 4. Juni im Zeitschriften- und Buchhandel

Tel Aviv

Tel Avivs Stadtstrand ist eine eigene Welt. Hier feiert die Jugend, finden Rentner Zuflucht, schießen Touristen Millionen von Selfies. Auch für israelische Araber, Surfer, Schwule und Selbsterfinderinnen ist die Promenade Bühne und Refugium zugleich. Ganz anders sieht es in der zweiten Reihe aus, im Inneren Tel Avivs: Dort steht die größte Ansammlung modernistischer Häuser, errichtet seit 1933 von jungen deutschjüdischen Architekten, die am Dessauer Bauhaus ausgebildet wurden. Ein Besuch in Israels aufregendster Stadt.

Affen im Meer
In Thailand, am Strand des bekannten Touristenorts Hua Hin, baden Langschwanzmakaken zum Vergnügen im Meer und knacken mit Werkzeugen Muscheln. Wie ist das zu erklären?

Wasserslum
In Makoko, einem Slum in der Lagune von Nigerias Metropole Lagos, leben rund 100 000 Menschen in Holzschuppen auf Pfählen. Es ist eng, feucht, Strom und Trinkwasser gibt es kaum. Trotzdem wollen die meisten für immer bleiben.

Kennedys mysteriöser Unfall
US-Senator Edward Kennedy, Bruder des ermordeten Präsidenten, galt als letzter politischer Hoffnungsträger der Familie. Doch am 18. Juli 1969 kommt er mit seinem Auto von einer Holzbrücke ab und stürzt ins Wasser. Seine junge Beifahrerin stirbt. Bis heute gibt es Ungereimtheiten darüber, was wirklich auf der Insel Chappaquiddick geschah.

Die Insel des Kapitalisten
Der Geschäftsmann Kim Fournais, einer der reichsten Männer Dänemarks, hat die kleine Ostseeinsel Vejrø gekauft und dort 27 Millionen Euro investiert. Damit will er seinen dänischen Landsleuten beweisen: Kapitalismus ist gut.

Illegales Teak für „Gorch Fock"?
Überforderte Bürokraten haben die Überholung des deutschen Segelschulschiffs „Gorch Fock" zum Desaster gemacht. Nun kommt heraus: Das Teak für das Holzdeck könnte aus illegalen Importen stammen.

Fabrizio Plessi
Die Werke des italienischen Installations-, Medien- und Videokünstlers Fabrizio Plessi, 79, sind seit den 1980er-Jahren monumental, erfindungsreich und extrem prägnant. Und sie bilden sich um eine einzige Metapher: Wasser als Sinnbild von Zeit, Leben und Denken.

Der in Berlin lebende Illustrator Christian Schneider interpretierte für **mare** „Matelot" von The Renegades aus dem Jahr 1965. Der Song der inzwischen vergessenen Rock-'n'-Roll-Band aus dem englischen Birmingham erlebt ein spätes Revival in dem Soundtrack des Films „Le Havre" des Finnen Aki Kaurismäki von 2011. Er erzählt von einem Schuhputzer in der französischen Hafenstadt, der von einer Existenz als Literat träumt, sich schließlich aber eines Flüchtlingskinds aus Afrika annimmt und ihm zur Flucht übers Meer nach England verhilft. Mit „Matelot", französisch für „Matrose", beschreiben die Renegades, die merkwürdigerweise in Finnland als die „zweiten Beatles" höchste Verehrung genossen, musikalisch kongenial die Gefühlslage des kleinen Flüchtlings.